La herida Heine

La herida Heine

Heinrich Heine y el espíritu europeo

Mariano Zabía

EDITORIAL 〜 SONORA

Madrid

2025

Primera edición: junio de 2025.

© Mariano Zabía Lasala, 2025
ISBN: 978-84-129388-2-1

Depósito Legal: M-10221-2025

Diseño de cubierta y maquetación:
La Factoría de Ediciones, S.L. (Madrid)
Impreso en España por Estilo Estugraf Impresores, S.L.
(Ciempozuelos, Madrid)

Heine «fue (como ha dicho ingeniosamente uno de los críticos de su nación que no acaban de perdonarle de buen grado sus ofensas a ella) un ruiseñor alemán que hizo nido en la peluca de Voltaire».[1] Con estas palabras con las que termina su ensayo sobre Heine, don Marcelino Menéndez y Pelayo dio carta de naturaleza a una caracterización del poeta que, incorporada y descubierta por mí en el manual de literatura[2] que estudié en el

1. Marcelino Menéndez y Pelayo, *Heine. Estudios de crítica literaria. Segunda serie*. Madrid, Sucesores de Rivadeneyra, 1895, pág. 350 (hay una edición anterior de 1884).
2. Ricardo Cobos, *Síntesis de literatura*. Gráficas Onofre Alonso, Madrid, 1961.

bachillerato, me ha acompañado siempre; una caracterización brillante y sugestiva que me divertía y me intrigaba, aunque entonces no pudiera comprender su hondura, ni hasta qué punto esa fórmula aparentemente ligera, utilizada a partir de Menéndez y Pelayo hasta la saciedad, escondía un profundo conflicto cultural, una herida que era la herida de Heine, pero también la de toda una cultura tan rica como contradictoria.

La realidad de este conflicto se me fue revelando poco a poco, a medida que me familiarizaba con los textos del Romanticismo, no solo con su lírica, sino también con su filosofía y, también —¿por qué no?— con las miserias de su realidad política. Mi interés por la cultura alemana, nacido Dios sabe cuándo, ni cómo, ni por qué, me condujo muy pronto por los meandros de un Romanticismo en los que descubrí caudales inagotables del más puro lirismo, pero también una íntima incompatibilidad con los requerimientos de un mundo que solo puede resultar habitable si aceptamos sus exigencias.

La poesía romántica —y en este concepto tiene perfecto encaje tanto un *Lied* de Schubert como un cuadro de Caspar David Friedrich— es capaz de proporcionarnos la más profunda intimidad con la belleza, pero también nos hace conscientes del íntimo parentesco existente entre esta y una muerte que adquiere en ella caracteres auténticamente seductores. Mi sensibilidad literaria estableció pronto una profunda familiaridad con la poesía romántica alemana, en cuyos pronunciados abismos se encontraba a gusto. Su sentido de la intimidad, sus anhelos de plenitud, su búsqueda permanente de la flor azul, apelaban directamente a mi imaginación, que entendía con facilidad las palabras que se le dirigían. Comprendía y admiraba los versos de Hölderlin o de Novalis y, sin embargo, no podía dejar de sentir pareja admiración por los moralistas franceses del xviii, que constituyen, quizás, la antítesis perfecta de las difusas ensoñaciones románticas. Chamfort, Vauvernagues, La Rochefoucauld, herederos, quizás, de mi siempre admirado señor de Montaigne, caminaban por el mundo con un paso elegante que invitaba a seguir sus huellas y me trazaba con ellas un sendero en el que podía ser grato demorarse. Su terreno era el de la sabiduría; su mundo no era el ilimitado de los sueños románticos, sino un mundo con unos límites muy concretos en el que resultaba posible encontrar una morada confortable, una tarea en la que me había de resultar más útil el escepticismo que el entusiasmo, una tarea que constituía en sí misma un cotidiano ejercicio de sabiduría.

Era evidente que me encontraba ante dos formas radicalmente distintas de entender el mundo, y en esa contradicción alzó otra vez el vuelo el ruiseñor alemán que anidó en la peluca de Voltaire, ese pájaro extraño que con su vuelo parecía elevarse entonces por encima de todas las contradicciones. Heine era un romántico, sí, pero un romántico que había hecho de Francia su segundo hogar, que admiraba los principios liberales de la Revolución Francesa y que no apartaba sus ojos del mundo, sino que nos invitaba a gozar sin límites de todo lo que este pueda ofrecernos de deleitoso. Heine parecía ser algo tan raro como un romántico volteriano, y en esa caracterización era posible vislumbrar la reconciliación de dos visiones enfrentadas, la regeneración de un Romanticismo que nunca ha llegado a entender el mundo y que, por ello, ha causado en él tantos dolores.

ALEMANIA Y HEINE

En 1956, con motivo del centenario de la muerte de Heine, Theodor W. Adorno pronunció una alocución radiofónica que, a pesar de su brevedad, enuncia muchos de los asuntos fundamentales planteados por la obra de Heine. Dicha alocución, a la que Adorno denominó «La herida Heine» —título del que, no hace falta decirlo, trae el suyo este escrito— dice, entre otras cosas, lo siguiente:

> Quien de verdad quiera contribuir a recordar a Heine en el centenario de su muerte y no quiera limitarse a pronunciar un huero discurso de homenaje tiene que hablar de una herida: de aquello que duele de Heine y de su relación con la tradición alemana, y de aquello que tras la Segunda Guerra Mundial se relegó al olvido. Su nombre es un incordio y solo quien se enfrente a ello cara a cara, sin paliativos, puede resultar de ayuda... Si desde que Leibniz volvió la espalda a Spinoza, la Ilustración alemana fracasó por el hecho de que perdió el aguijón social y se decidió por la afirmación servil, entonces Heine es el único de todos los nombres célebres de la poesía alemana que, a pesar de su afinidad con el Romanticismo, ha conservado un concepto de Ilustración no aguado. El malestar que

provoca a pesar de su tendencia conciliadora se debe precisamente a ese radical clima ilustrado.[3]

El espíritu alemán sangra en cada verso de Heine. Las relaciones de Alemania con el que, sin duda, es uno de sus primeros poetas son de una complejidad extraordinaria y en ellas se mezclan amores, recelos, resentimientos cruzados y —por utilizar el término de Adorno— heridas que quizás no hayan acabado de cicatrizar del todo. Heine es un poeta alemán y, además, uno de los mejores y más representativos de la literatura alemana. El nacionalsocialismo prohibió todas sus obras y, sin embargo, no pudo impedir la constante circulación de su *Loreley,* eso sí, bajo el falso rótulo de 'canción popular'[4]. Su poesía —falsamente popular como

---

3. Una versión española de este texto puede encontrarse en la edición de Alianza Editorial de *Sobre la historia de la religión y de la filosofía en Alemania.* La traducción es de Juan Carlos Velasco.

4. *Loreley* es un conocidísimo poema de Heine, basado en una leyenda renana que, por su temática y composición, entronca bien con la lírica popular alemana. En realidad, el Loreley es un risco del Rin situado entre Bingen y Coblenza, en una zona que por su escasa profundidad, sus corrientes contradictorias y su fondo rocoso resulta peligrosa para la navegación. Según la leyenda,

quizás tengamos más tarde ocasión de ver— puede llegar a identificarse con la canción tradicional alemana, y sus versos son utilizados por Schubert, Schumann o Liszt para crear esa maravilla musical que es el *Lied* romántico alemán. Su poesía se inserta sin problemas en la tradición lírica alemana —aunque el uso constante del romance y algunos de sus temas remitan a la poesía medieval española— y su prosa, radicalmente moderna e innovadora, lleva al idioma alemán a uno de sus momentos culminantes. En la consideración crítica de Heine ha existido por diversas razones — la mayoría de estricto carácter político— la tendencia a separar al Heine poeta del Heine prosista e, incluso dentro de su poesía, al Heine del *Libro de las canciones* del muy posterior del *Romanzero*, quedando reservada a aquel Heine juvenil de sus primeros versos la condición de gran poeta. Nada más lejos de la realidad. «La prosa alemana somos Heine y yo»,[5] dice orgulloso Friedrich Nietzsche, y quizás no le falte razón. Su música dulce

_____

en la cima del Loreley una bellísima ondina estaría peinando sus largos cabellos, hechizando con su canto a los navegantes, víctimas de su seducción.

5. *Ecce Homo,* 4, 1888.

y apasionada, su divina maldad y su dominio virtuoso del alemán son los elementos que suscitan el entusiasmo de Nietzsche hacia nuestro volteriano ruiseñor. La prosa de Heine se hizo en los periódicos, en el fragor del día, en la polémica política o cultural, y tiene por ello una agilidad, un vigor y una agudeza no vistas hasta entonces en la literatura alemana. Incluso sus libros de mayor aliento filosófico, aquellos que componen el título *De l'Allemagne,* nacieron como respuesta al libro que Madame de Staël había publicado unos años antes con el mismo título. Thomas Mann por su parte considera que *Über Ludwig Börne* (*Sobre Ludwig Börne*) es el mejor libro de Heine, un libro de estricta polémica política, un arte en el que Heine no solo era capaz de utilizar su extraordinario alemán, sino también una agresividad que no ahorraba el insulto o la más baja afrenta personal.[6] Heine es un escritor alemán, pero también llegó a ser

6.   Famosa es en la historia de la literatura alemana la polémica de Heine con August von Platen, al que llegó a echar en cara su homosexualidad; o su polémica con Ludwig Börne, uno de los principales representantes del *Vormärz* alemán, del que Heine insinúa un *ménage à trois* con la mujer de su mejor amigo; o sus improperios a su antiguo y admirado maestro August von Schlegel.

un escritor europeo, el único que —en palabras de Marcel Reich-Ranicki— tuvo Alemania entre Goethe y Thomas Mann,[7] una afirmación que sirve para poner de relieve el valor de la obra de Heine, pero también para subrayar indirectamente el provincianismo de la literatura alemana en general y de la literatura romántica en particular, un provincianismo que no implica un juicio de valor, pero que sí será importante para comprender las conflictivas relaciones de Alemania y Heine.

Heine quizás sea uno de los autores más representativos de la literatura alemana y, sin embargo, nadie como él ha sufrido los ataques de sus compatriotas. La aceptación de Heine en Alemania ha sido tardía y es posible que no se haya consumado todavía. No se trata solo de las dificultades que tuvo la difusión de su obra en Alemania por causa

No, dice Thomas Mann, Heine no es un buen hombre, pero es un gran hombre.

7.   Marcel Reich-Ranicki, *Der Fall Heine* (El caso Heine). München, DTV Verlag, 2000, pág. 41. No conozco edición española de este libro. Nótese que el título de esta obra —*El caso Heine*— remite, como el de la alocución de Adorno a la que ya he hecho referencia, a la singularidad y a la conflictividad de la obra de Heine. Heine es un 'caso' en la literatura alemana.

de la censura o de la prohibición de la misma durante los años del nacionalsocialismo, sino, sobre todo, de la fría consideración crítica que siempre ha sufrido su obra hasta fechas muy recientes, una consideración llena de silencios y de reticencias, cuando no de rotundas e injustificadas descalificaciones, en su mayoría de carácter extraliterario. Heine ha sido acusado de todo: judío, comunista, ateo, francófilo o antipatriota han sido calificativos que con frecuencia han acompañado su figura literaria; Heine, uno de los grandes genios de la literatura alemana, ha llegado a ser considerado, en suma, como un enemigo de Alemania.

La aceptación de Heine fue históricamente mejor en la República Democrática Alemana que en la Federal, gracias a su amistad con Marx y a su consideración, si no como un comunista, sí como un protocomunista digno de figurar en el santoral de la primera república socialista en suelo alemán. Bertolt Brecht se sentía su heredero, como efectivamente —al menos en parte— lo es, y *Los tejedores de Silesia,* el por otra parte magnífico poema de Heine, podía figurar sin problemas en cualquier antología académica de poesía socialista. La consideración de Heine como comunista, a la que luego me referiré, es un malentendido vigente también, aunque en sentido diametralmente opuesto, en la República Federal Alemana, donde su recuperación tuvo que esperar al nuevo clima político de finales de los años sesenta, a pesar de lo cual la imposición del nombre de Heinrich Heine a la Universidad de Düsseldorf provocó una dura polémica nacional en una fecha tan tardía como 1972.

La figura de Heinrich Heine nunca se ha visto libre de polémicas. A finales del siglo XIX, un grupo de ciudadanos de Düsseldorf promovió la erección de un monumento a Heine en su ciudad natal para conmemorar el primer centenario de su venida al mundo. La iniciativa provocó un agrio debate que duró más de diez años, al cabo de los cuales los bienintencionados ciudadanos de la vieja capital del ducado de Berg tuvieron que renunciar a su proyectado monumento. Años más tarde, en 1927, ante una nueva iniciativa para levantarle un monumento, Thomas Mann publicó en el *Frankfurter Allgemeine Zeitung* unas palabras que merecen ser recordadas: «No es verdad —decía Thomas Mann— que él fuera un enemigo de Alemania. Heine, como Goethe, como Hölderlin, como Nietzsche, como todos los educadores de Alemania, nunca ha sido un adulador de la alemanidad y, como ellos, ha padecido a causa de algunos aspectos sombríos del ser alemán sobre los que ha formulado algunos chistes dolorosos. Pero su sentimiento hacia Alemania, como, por otra parte, cualquier sentimiento en él, se desliza con frecuencia hacia el sentimentalismo, y si alguna ocasional apariencia de frialdad patriótica o de desapego fuera motivo para negar un monumento a un espíritu poético, Goethe no podría tener monumento alguno».[8]

El judío Heine

Es evidente que en Alemania nunca hicieron gracia los dolorosos chistes de Heine. Los olvidos y descalificaciones sufridos por Heine en Alemania solo son comparables a los constantes y muy precisos dardos lanzados por él a lo que Thomas Mann pudorosamente llama «los aspectos sombríos del

---

8. Thomas Mann, *Über Heinrich Heine* (Sobre Heinrich Heine). Fischer e-books. Se puede encontrar este texto en español en traducción de Pedro Gálvez en la introducción a la edición de Editorial Bruguera de *Los dioses en el exilio.*

ser alemán». Sus relaciones con Alemania se han caracterizado siempre por una animosidad constante, por una mutua agresividad de muy profundas raíces. Los comentaristas judíos de Heine, como Reich-Ranicki o Max Brod, tienden a considerar que los recelos que siempre le han acompañado en Alemania encuentran su fundamento en la condición judía de aquel y, al menos en parte, no les falta razón. Heine, como es bien sabido, nació en Düsseldorf en 1797 en el seno de una familia de comerciantes judíos.[9] Su padre, Samson Heine —a quien Heine dedica unas conmovedoras palabras en sus memorias—, procedía de una familia de Hannover y se dedicaba a la importación de productos de Inglaterra, mientras que su madre, Betty von Geldern —una mujer realista que tenía miedo a la poesía, según nos cuenta su hijo—, era hija de un acreditado médico de la

9. Düsseldorf, entonces capital del ducado de Berg y hoy capital del Estado de Renania del Norte-Westfalia, estuvo durante toda la infancia de Heine bajo administración francesa y siempre ha sido considerada la ciudad más 'francesa' de Alemania. Su Avenida Real, su popularísima Kö (Königsallee), se mira constantemente en el espejo de los bulevares parisinos. El dato tiene su importancia en la biografía de Heine.

ciudad, cuyo bisabuelo había fundado en 1712 la primera sinagoga de Düsseldorf. Heine nace en el seno de una familia al menos formalmente fiel a la ortodoxia judía, pero lo hace en una ciudad que hasta 1815 —es decir, hasta sus 18 años— estuvo bajo administración francesa, lo que hizo posible que Heine hiciera sus estudios en un liceo francés regido por los padres jesuitas, que, aunque pueda parecer extraño —a mí no me lo parece— le dieron una educación extraordinariamente liberal. El mismo Heine, a pesar de las duras críticas que durante toda su vida lanzó al catolicismo alemán, especialmente presente entre los poetas románticos, dice al final de sus días: «Por el catolicismo he tenido, en el fondo, siempre una predilección que me viene de mi juventud y que me fue infundida por la amabilidad de sacerdotes católicos. Uno de ellos —Schallmeyer— era amigo de mi padre y profesor de filosofía en nuestro colegio. Gracias a unos ardides que puso en práctica, pude asistir a los catorce años a sus clases de filosofía y en efecto llegué a comprender bastante bien sus cosas. Era realmente liberal, un librepensador; no obstante, luego de haber enseñado el día anterior las cosas más libres del mundo, decía misa el día después, revestido con los ornamentos sacerdotales, igual que los demás. Ya que estoy acostumbrado desde mi juventud a ver unidos el liberalismo y la causa católica, los ritos católicos se me han presentado siempre como algo muy hermoso, como un amable recuerdo de mi juventud y nunca me han parecido algo que pudiera perjudicar la idea de la evolución humana».[10]

A pesar de su origen judío y de sus simpatías católicas, Heine se hizo bautizar en la iglesia protestante el 28 de junio de 1825, un paso que él siempre consideró un simple billete de entrada a la cultura europea, un billete que no necesitaba, pues él llevaba en sí lo mejor de la cultura europea, pero que le resultó, además, completamente inútil, pues no le permitió ejercer como abogado en Hamburgo, ni obtener la plaza de síndico de la ciudad a la que aspiraba. En Hamburgo vivía su tío Salomon Heine, un rico banquero en cuya casa vivió —allí se enamoró sucesivamente de sus primas Amalia y Teresa, con los resultados literarios que luego veremos— y que montó para él una agencia comisionista —Harry Heine & Co.— a la que Heine condujo a la bancarrota. Tras este fracaso comercial,

---

10. Max Brod, *Heinrich Heine*. Buenos Aires, Ediciones Imán, 1945, pág. 45.

el tío Salomon, que fue el principal sustento económico de su sobrino Heinrich hasta el final de sus días, pagó sus estudios universitarios en Göttingen, Bonn, Berlín y nuevamente Göttingen, en cuya universidad se doctoró en Derecho el mismo año en el que se hacía bautizar en la iglesia protestante. A pesar de haber pagado religiosamente —nunca mejor dicho— este billete de entrada, no consiguió acceder a los puestos a los que aspiraba, como jamás consiguió ejercer actividad práctica alguna, con excepción de sus constantes colaboraciones en periódicos y revistas. Es posible —podemos pensar— que su relativo fracaso profesional se debiese más a la herida que siempre llevó con él que a su condición de judío, pero el hecho cierto es que Heine era judío y que este 'estigma' le acompañó durante toda su vida.

Le acompañó a él y, claro está, a su obra literaria. Buena parte de las críticas dirigidas a Heine en Alemania tienen su origen o fundamento en su condición judía; la durísima polémica con August von Platen, que tantas veces le ha sido reprochada a Heine por los términos empleados en ella, tiene su origen en un previo ataque de Platen basado única y exclusivamente en el judaísmo de aquel. Hay que recordar que Heine pertenecía a la primera generación salida del gueto y que luchaba por el reconocimiento de sus derechos civiles; pero luchaba también por algo todavía más profundo: su condición de alemán y de poeta alemán, algo en lo que no era posible transacción alguna.

Heine había publicado en 1827 su *Libro de las canciones* y el éxito había sido clamoroso, sucediéndose una tras otra las ediciones de un libro de poemas cuya inserción en la tradición poética alemana no podía ponerse en duda. El *Libro de las canciones* significó un gran éxito para él, pero en último término no dejó de ser, en opinión de Reich-Ranicki, una victoria pírrica, pues nadie estaba dispuesto a aceptar a un judío, bautizado o no, como poeta alemán.[11] ¿Dónde se habrá visto a un judío autor de poemas alemanes? Heine era judío y no podía ser un poeta alemán y, mucho menos, un poeta capaz de prestar su voz a lo mejor del espíritu alemán. El *Libro de las canciones* tiene un único tema y este es el amor dolorido o, dicho de otra forma, las penas de un amor irrealizable. El amor es, sin duda, el protagonista de

---

11. Marcel Reich-Ranicki, *Der Fall Heine*. München, Deutscher Taschenbuch Verlag, 2000, pág. 57.

este libro singular y, más concretamente, un amor que no puede alcanzar su realización. La mayoría de los comentaristas de Heine está de acuerdo en ese punto y está de acuerdo, además, en considerar que este amor imposible no es otro que el que Heinrich Heine sintió por su prima Amalia, la cual acabó casándose con un comerciante próximo a su círculo familiar. Sin embargo, Reich-Ranicki va más allá y estima que el verdadero protagonista del *Libro de las canciones* no es este amor dolorido, sino otro, quizás parecido pero no idéntico, como es el dolor de aquel que no se siente aceptado, de aquel que ha de permanecer toda su vida solo y apartado sintiéndose como un paria, excluido de la sociedad a la que pertenece.[12] Este y no otro sería el verdadero *Leitmotiv* de toda la obra de Heine; su dolor sería el dolor por su ser herido, y su poesía la formulación de ese dolor, una lucha por su condición de alemán y de poeta alemán en la que se encuentran las raíces más profundas de su tristemente célebre agresividad. Su entera personalidad —estima Reich-Ranicki— se encuentra impregnada de resentimiento, y al

---

12. Ver el ensayo «Es war ein Traum» («Fue un sueño»), incluido en el libro anteriormente citado *Der Fall Heine*.

servicio de ese resentimiento pone Heine todo su inmenso arsenal poético. Heine —dice Reich-Ranicki— es un maestro del amor-odio y a nadie amó y odió más que a los alemanes y a los judíos. Heine nunca fue un judío ejerciente y su judaísmo solo salió de su estado de letargo durante sus años en Berlín, donde asistió con cierta asiduidad al salón de Rahel Varnhagen —una de las personalidades más relevantes en la historia del judaísmo alemán, a la que Hannah Arendt dedicó, por cierto, una muy brillante biografía[13]—, y al final de su vida, cuando, postrado durante años en lo que él denominó su tumba de colchones a causa de lo que hoy parece ser una esclerosis múltiple, se enfrentó al dolor y la muerte y volvió los ojos a un Dios personal capaz del perdón y de la compasión. Quizás solo entonces se sintiera Heine verdaderamente judío, entonces y, claro está, en aquellos momentos en los que se sintió atacado por sus orígenes, en aquellos momentos en los que tantos y tantos pretendieron negarle por su

---

13. Hannah Arendt, *Rahel Levin Varnhagen. Lebensgeschichte einer deutschen Judin aus der Romantik* (Rahel Levin Varnhagen. Vida de una judía alemana del Romanticismo).

judaísmo lo que para él era sustancial, su condición de alemán y su ser poético.

Francia y Heine

De una u otra forma, Heine era judío, y este hecho era bastante para que él y su obra despertaran toda suerte de recelos en una sociedad como era la sociedad alemana a principios del siglo XIX; sin embargo, y a pesar de todo, su condición racial no es suficiente para explicar la profunda animosidad con la que Alemania siempre trató a quien en principio tendría que ser uno de sus hijos predilectos. Tiene que haber algo más, y ese algo más es, a mi juicio, su posición ante la cultura alemana y la crudeza con la que siempre puso de relieve los aspectos más oscuros de esta.

El germanista francés —francés de la Alsacia— Henri Lichtenberger constata este hecho y trata de darle una explicación. «Todavía hoy —nos dice Lichtenberger en 1921— se muestra con frecuencia la opinión pública alemana hostil o al menos recelosa frente a Heine... y a la vista de las manifestaciones de sus detractores comprobamos que han sido dos las circunstancias que han perjudicado a Heine a los ojos de sus compatriotas: su origen judío y sus simpatías por Francia».[14] Francia es una palabra que siempre ha levantado sarpullidos en el alma alemana, Francia es la Ilustración que, según Adorno, caracterizaba a Heine solo entre los muchos poetas románticos, Francia es, sobre todo, el espejo al que Heine enfrenta el espíritu alemán y en el que se reflejan los rasgos más sombríos de este. Su resentimiento le proporciona una especial agudeza para descubrir los defectos de sus compatriotas y su agresividad —Heine era *«eitel, überaus verwundbar, überaus rachsüchtig»*, es decir, vanidoso, extremadamente vulnerable y sumamente vengativo, dice Thomas Mann, que de vanidad sabía un rato— le llevó a poner certeramente de relieve estos defectos y a hurgar sin cesar en las heridas siempre abiertas del carácter alemán. Heine fue toda su vida un provocador —un virtuoso de la polémica le llama Reich-Ranicki— y provocó a todo el mundo, a los católicos, a los luteranos, a

---

14. Manejo la traducción alemana de esta obra originalmente escrita en francés. H. Lichtenberger, *Heine als Denker* (Heine, pensador). Dresden, Carl Reissner, 1921, págs. 279-280.

los ateos, a los patriotas alemanes, a los nobles y a los plebeyos, a los demócratas y a los aristócratas, Heine no dejó títere con cabeza, pero con todo y con eso, hay que decir que el objeto preferido de sus sarcasmos fue su querida Alemania, a la que dirigió invectivas tanto más dolorosas cuanto más certeras, irónicas agudezas que quizás no fuesen sino una paradójica forma de pedir ser admitido de nuevo en la casa del padre.[15]

Heine no se mordía la lengua. En una de las primeras páginas de sus *Confesiones* cuenta lo siguiente a propósito de su llegada a París en 1831: «De inmediato visité los restaurantes que me habían recomendado; esos hosteleros me aseguraron que igualmente me habrían acogido bien sin cartas de recomendación, puesto que tenía un aspecto tan honrado y distinguido que se recomendaba por sí solo. Jamás me ha dicho algo semejante un cocinero alemán, ni siquiera si lo ha pensado;

---

15. Heine en su testamento dice: «La gran tarea de mi vida consistió en colaborar a favor de una concordancia entre Francia y Alemania». Por encima de chistes y sarcasmos nos encontramos con la visión de un gran europeo, con una tarea política y cultural que quizás no esté aún concluida.

un palurdo así piensa que tiene que silenciarnos lo agradable y que su sinceridad alemana le obliga a decirnos a la cara tan solo cosas repelentes. En las costumbres, e incluso en la lengua de los franceses, hay tanto lisonjeo exquisito, que cuesta tan poco y, sin embargo, resulta tan benefactor y tan refrescante... Mi alma, la pobre, tan sensitiva, que había constreñido tanto la timidez ante la tosquedad patria, volvió de nuevo a los halagadores sonidos de la urbanidad francesa. Dios nos ha dado la lengua para que digamos algo agradable a nuestros congéneres».[16] Nótese que Heine, probablemente la lengua más viperina de toda la literatura alemana,[17] afirma sin reparos que Dios nos ha dado la lengua para que digamos algo agradable

---

16. *Confesiones y memorias.* Traducción de Isabel Hernández. Barcelona, Alba Editorial, 2006, págs. 40-41.

17. De August von Schlegel, su maestro y primer mentor, dice por ejemplo en *La situación de Francia:* «Acaso no hay en Alemania una sola mujer, a excepción de Augusto Guillermo Schlegel, que sienta tanto placer como los franceses en distinguirse con cintas de colores». La obra de Heine *Französiche Zustand,* traducida por Fernando Vela con el título de *Lo que pasa en Francia,* fue publicada por la Revista de Occidente en 1935, edición (pág. 40) de la que procede esta última cita.

a nuestros congéneres, una afirmación que —y aquí viene una segunda paradoja— a mí me parece sincera y capaz de llevarme al convencimiento de que, efectivamente, Heine prodigó sin cesar palabras amables a sus semejantes, porque, entre otras cosas, hay muchas pruebas de bondad en su biografía. Pero no era de esto de lo que quería hablar ahora.

Quien nunca haya sido víctima de la 'sinceridad' alemana no puede comprender la profundidad de las anteriores palabras de Heine. Los alemanes pueden, sin ser conscientes de su torpeza, lanzarte a la cara las mayores atrocidades mientras consideran que los silencios, las medias palabras o, incluso, las mentiras piadosas a los que la cortesía obliga a franceses, italianos o españoles no son sino la manifestación de un carácter maquiavélico tendente a la intriga o a la traición, una permanente conjura de la que ellos serían víctimas inocentes. El ingenuo y honesto alemán —*der arme Michel,* el pobre Michel, un tipo bien documentado en la literatura y en el imaginario popular— se vería así permanentemente engañado en su honradez por la falta de escrúpulos de sus vecinos franceses o, en general, de todos aquellos que piensan, como Heine, que la cortesía puede hacer más amable la existencia y constituye, por tanto, una obligación hacia nuestros semejantes.

Heine, como hace con frecuencia, compara en este caso a Francia con Alemania, pone ante los ojos de su cocinero alemán un espejo francés y le obliga a descubrir en él una imagen de sí mismo fea y deforme, algo que le resulta totalmente inaceptable. Tosquedad, torpeza, modales de un palurdo que confunde la sinceridad con la grosería son los rasgos que Heine ve en ese espejo, frente al que los alemanes solo pueden reaccionar con la misma irritación con la que reacciona la reina en el cuento de Blancanieves.

Desde un punto de vista estrictamente literario, pero coincidente en el fondo con estas consideraciones, Marcel Reich-Ranicki dice: Heine «proporcionó a la poesía alemana lo que esta tanto había escatimado al lector alemán: ligereza y gracia, encanto y elegancia, ingenio y *esprit,* racionalidad y urbanidad y de vez en cuando también frivolidad».[18]

He de decir que, a mi juicio, la sociedad alemana ha cambiado mucho en los últimos años, y que el terrible siglo xx alemán es, sin duda, uno de esos

18. *Der Fall Heine,* pág. 31.

acontecimientos históricos que tienen capacidad fundacional, fuerza suficiente para modelar una forma de ser y hacer de Alemania un país donde la libertad —sobre todo la libertad, pero también la racionalidad, la urbanidad y de vez en cuando incluso la frivolidad— ya no son plantas extrañas; lo cual no quiere decir, claro está, que tales carencias no sigan de alguna manera presentes y, sobre todo, que no hayan sido elementos esenciales de la historia de Alemania. Heine aporta a la literatura alemana gracia y encanto pero, al mismo tiempo, pone de relieve la gravedad, la falta de ligereza, la desmedida seriedad o, incluso, la insensatez, tan presentes en la literatura alemana y en una forma de ser que nos asombra tanto por sus luces como por sus sombras. Heine nos dice que los alemanes son unos provincianos incapaces de pisar los grandes salones sin manchar las alfombras o romper los jarrones de Sèvres, como en varias ocasiones rompieron el tablero europeo con las consecuencias que todos conocemos; en lo que quizás sea el más brillante ejercicio de sinceridad alemana, arroja a la cara de sus compatriotas su condición de palurdos torpes y groseros, calificativos con los que hurga sin piedad en la más sangrante herida de Alemania, en su histórico complejo de inferioridad, un doloroso desgarro que recorre toda la historia alemana desde Teotoburgo a Buchenwald, pasando por el castillo de Canossa o por el no sé si justo o injusto pero ciertamente miope Tratado de Versalles.

Ese complejo de inferioridad, que recorre de principio a fin la historia de Alemania, tiene su origen, a juicio del historiador Erich Kahler, en el encuentro de las tribus germánicas con Roma, en ese movimiento de la historia que los alemanes denominan *die Völkerwanderung* —algo así como la migración de los pueblos— y nosotros conocemos como la invasión de los bárbaros. Este impulso migratorio, que tiene su origen en la presión que realizan los hunos en el este de Europa, lleva a las tribus germánicas a adentrarse en un Imperio Romano ya en decadencia desde la conversión del emperador Constantino al cristianismo, una confrontación de consecuencias paradójicas que se encuentra en el origen de la cultura europea. Las tribus germánicas se extienden como una mancha de aceite por todo el viejo Imperio Romano, pero esas mismas tribus, capaces de hacer suyo el que quizás haya sido único imperio verdaderamente universal, quedan deslumbradas ante la riqueza cultural de aquellos a los que han derrotado, abrumadas por unas ciudades y unas instituciones que acaban por respetar y de las que pretenden ser herederos. Se produce así una inversión única en la historia; los vencedores asumen la superioridad política y cultural de los vencidos y quedan derrotados por ellos, dispuestos a dar continuidad a un mundo al que previamente habían derrotado. Muchos de estos bárbaros habían servido ya en el ejército romano y eran muy conscientes del prestigio que poseía la condición de *cives romanum* y del impulso espiritual que traía consigo el cristianismo, por lo que ya se encontraban predispuestos a asumir esta herencia que la caída del imperio ponía en sus manos. Todo ello genera una ambivalencia perfectamente perceptible en toda la historia de Alemania, una mezcla de conciencia de su poder y de sentimiento de inferioridad capaz de explicar por sí misma el rumbo siempre tortuoso de la historia alemana.

Cuando las tribus germánicas llevan a cabo su reconstitución política, lo hacen emulando a Roma y bajo su expresa advocación, como si reclamasen para sí una herencia que solo a ellos les pertenecía, una herencia que se había enriquecido con el legado del cristianismo. Carlomagno se hace coronar en Roma emperador del Sacro

Imperio Romano Germánico, un acontecimiento que, a través de las particiones llevadas a cabo tras su muerte, iba a poner la herencia de Roma en manos del pueblo alemán. Esta idea del Imperio ha marcado la historia política de Alemania hasta épocas relativamente recientes, y más ha contribuido a entorpecerla que a vivificarla, pues ha sido un freno que ha demorado durante mucho tiempo la constitución de Alemania como una nación moderna.

Esta ambivalencia —o complejo de inferioridad, si así lo queremos llamar— se hace patente en diversos episodios de la historia de Alemania, en la Guerra de las Investiduras (*nach Canossa gehen wir nicht* —nosotros no iremos a Canossa—, decía todavía Bismarck a finales del siglo XIX en su lucha política con el *Zentrum* católico alemán), en la Reforma, en la Guerra de los Treinta Años o, muchos años después de que muriera Heine, en la ocupación francesa de la zona del Ruhr tras la firma del Tratado de Versalles, un momento en el que esa ambivalencia histórica se transforma en ira y en uno de los muchos detonantes que tuvo esa explosión brutal que fue la Segunda Guerra Mundial.

Todos estos episodios ponen de manifiesto una determinada actitud de Alemania ante su propia historia. La población alemana se redujo de veintiún millones a una cifra comprendida entre los trece y catorce millones durante la Guerra de los Treinta Años, un desastre para los alemanes que intensificó su histórico complejo de inferioridad. «La actitud de los príncipes y de la clase media alemana hacia la civilización francesa que dominó Europa después de la guerra —dice Erich Kahler— fue semejante a la de sus antepasados hacia Roma: una mezcla de resentimiento, admiración y envidia».[19] Este resentimiento histórico contra Francia —no solo contra Francia, pero especialmente contra Francia— ha tenido consecuencias históricas que están en la mente de todos (en el fondo, la gran tarea histórica de la Unión Europea es transformar este resentimiento en amistad y colaboración), pero en las que no nos podemos detener en este momento. Lo que nos importa señalar ahora es que este sentimiento ambivalente de Alemania hacia Francia está muy presente en el resentimiento alemán hacia Heine, pues este no solo representa todos aquellos atributos que Alemania envidia

---

19. Erich Kahler, *Los alemanes*. Traducción de Juan José Utrilla. México, Fondo de Cultura Económica, 1977, pág. 288.

de la cultura francesa, sino que, como ya hemos visto, obliga a sus compatriotas alemanes a mirarse permanentemente en el espejo de Francia y lo hace, además, en un momento en el que los escritores y filósofos alemanes luchan por crear, al menos en el campo del espíritu, algo parecido a una conciencia nacional. En realidad, podemos decir sin temor a equivocarnos que toda la obra de Heine es una permanente confrontación entre Francia y Alemania, en parte por la expresa voluntad de Heine de actuar como intermediario entre las dos culturas, en parte por su especial situación como escritor alemán que escribe en Francia, y que escribe en los periódicos, que con frecuencia le reclaman sus opiniones sobre su país de origen o su país de residencia. Así nacieron obras como *La situación en Francia* (1834), publicada inicialmente en la *Allgemeine Zeitung* de Augsburgo, o *Sobre la historia de la religión y de la filosofía en Alemania,* aparecida primeramente en francés en la *Revue de Deux Mondes* de París.

En relación con todo lo anterior, hay que señalar que hay otro rasgo del carácter alemán al
que directamente se refiere Heine cuando llama a
sus compatriotas palurdos, un elemento que inci-
de también y de forma fundamental en esa ambivalente percepción de su propio ser a la que nos
venimos refiriendo: este rasgo no es otro que su
provincianismo. La cultura alemana es una cultura provinciana, sin que esto signifique ningún juicio de valor, sino la constatación de una realidad
sin cuyo reconocimiento es imposible comprender
la historia alemana. El Romanticismo es un movimiento espiritual completamente ajeno a la cultura del gran mundo, un estado del alma que nace
en la intimidad de la provincia alemana, en el re-
cogimiento de una cultura crecida en las brumas
del bosque y carente por completo de la ironía y
del escepticismo propios de una moral cortesana.
El Romanticismo es Herder en Weimar o Hölderlin en Tübingen, junto a las aguas del Neckar.

Alemania tardó mucho en alcanzar su configuración nacional y no tuvo hasta fechas históricamente recientes una corte capaz de marcar
unas pautas de comportamiento social. Mientras

Francia, Inglaterra o España alcanzaban relativamente pronto su unidad nacional, Alemania permanecía sumida en un particularismo que fragmentaba su territorio y hacía difícil, si no imposible, su presencia en la política europea. Alemania no ha tenido nunca una verdadera capital —al menos no la ha tenido hasta muy avanzado el siglo XIX—, ni una corte que actuase como centro generador y difusor de ideas y tendencias artísticas. Al no tener corte, no ha tenido tampoco nobleza cortesana; la nobleza alemana ha sido siempre una nobleza rural encerrada en sus pequeñas posesiones, en el fondo carente de todo interés político o cultural y alejada por completo de la vida de la ciudad, que siempre estuvo dominada por los gremios. Las plazas de las ciudades españolas o italianas son plazas diseñadas para los grandes festejos o para los espectáculos públicos, mientras que las plazas alemanas son plazas para el mercado, centros de una actividad artesanal o mercantil controlada por unos gremios que, como auténticos protagonistas de la vida urbana, impusieron en ella sus principios morales y sus códigos de conducta. La moral alemana, la moral presente en la Reforma y en la política alemana hasta nuestros días, es una moral rebosante de la honradez, el amor a la obra bien hecha y el rigor que constituían las pautas de comportamiento de los gremios (Max Weber habla de la ética protestante pero, en realidad, esta es anterior a la Reforma), una moral de extraordinaria pureza que, sin embargo, carente de los elementos compensatorios del escepticismo cortesano, puede conducir al pietismo y a la intransigencia.

El particularismo alemán, ya inscrito en el código genético de las tribus germánicas, se consolidó con la Reforma y la Guerra de los Treinta Años, que destruyó por completo el tejido social alemán. La Reforma no fue solo un movimiento religioso, sino también una revuelta política, hasta el punto de que bien podríamos decir que aquella no hubiese sido posible sin esta. Los príncipes alemanes brindaron su protección a Lutero y, al mismo tiempo, utilizaron a este como ariete contra el imperio y el papado, las únicas fuerzas que en el ámbito alemán podían contener algún impulso centralizador. En los últimos años de su vida, Lutero hizo patente su apoyo a los príncipes alemanes en la revuelta de los campesinos, ayudando a controlar unas fuerzas que él mismo había contribuido a desencadenar. La Reforma fue un movimiento que exigió una inmensa energía espiritual y que podría haber cambiado el rumbo de la historia alemana en un sentido diametralmente opuesto al que efectivamente tomó a partir de la obra de Lutero. Si este hubiese sido un dirigente político, podría haber contribuido a la constitución de una nación moderna, como Maquiavelo consideraba que era la misión de un príncipe a la altura de los tiempos (recuérdese que *El príncipe* se publicó en 1513, casi las mismas fechas en las que Lutero llevaba a cabo, entre graves conflictos morales, la elaboración de su nuevo credo), o como ya estaba haciendo Fernando el Católico en España. Pero Lutero no era un príncipe político, sino un fraile atormentado por graves problemas de conciencia, y su revolución fue una revolución meramente espiritual, una renovación interior que se olvidó del mundo, dejándolo abandonado en manos del poder civil. La Reforma protestante fue en muchos aspectos una desgracia para Alemania, una oportunidad perdida que marcó para siempre su historia y que, en lo que ahora nos importa, contribuyó a consolidar un particularismo de claros acentos provincianos.

Un siglo después, la Guerra de los Treinta Años vendría a acentuar aún más este carácter provinciano de la vida alemana. La Guerra de los Treinta Años dejó tras de sí un campo de desolación en el que, según los cálculos más modernos, habrían muerto doce millones de personas, un reino de la anarquía en el que era necesario recomponer la agricultura, el comercio y una organización social que se había visto zarandeada por las sucesivas oleadas de una guerra cruentísima. La reconstrucción trajo consigo una refeudalización de la vida alemana, con un importante crecimiento del número de siervos de la gleba y un incremento sustancial del poder de los señores, que necesitaban a aquellos para recomponer sus haciendas, al mismo tiempo que les proporcionaban sustento en unos campos desolados. El poder del emperador y de la dieta quedaron seriamente dañados, creciendo en la misma medida el poder político de los príncipes; los Habsburgo fueron los grandes derrotados de una guerra cuyo final supuso el surgimiento de Francia como gran potencia europea, mientras que Alemania quedaba arrasada y obligada a una recomposición que, bajo una forma totalmente distinta, tendría que esperar al surgimiento de Prusia a mediados del siglo xviii y a la creación del nuevo Imperio Alemán en la segunda mitad del siglo xix. La provincia alemana era más provincia que nunca y no podía sino mirar con envidia el nuevo fulgor de la corte francesa. El resentimiento alemán contra Heine sería en buena medida el resentimiento de la provincia contra el gran mundo al que nuestro ruiseñor siempre perteneció.

Todas las consideraciones anteriores nos llevan a pensar que Lichtenberger tenía razón, y que las simpatías de Heine por Francia están en el origen del fuerte rechazo del que, durante mucho tiempo, ha sido víctima Heine en su propio país, un rechazo al que ha contribuido mucho la propia actitud de Heine, que nunca dejó de hurgar, inmisericorde, en las graves heridas del pueblo alemán. De la misma opinión resulta ser Max Brod, que en su biografía de Heine dice lo siguiente: «Aquí se empieza a notar ya una segunda inclinación de Heine que explica la antipatía siempre viva de que disfruta en una parte considerable del pueblo alemán: su inclinación por elevar a Francia y, desde luego, a costa de Alemania y de situaciones alemanas, inclinación que desemboca muchas veces en una crítica que carece de respeto por el carácter alemán».[20] Sin embargo, llegados a este punto, Max Brod gasta a sus lectores una broma sumamente inteligente y

20. Max Brod, *Heine*. Traducción de Máximo José Kahn. Buenos Aires, Ediciones Imán, 1945, págs. 190 y ss.

de gran eficacia dialéctica. Tras afirmar, como hemos visto, que las simpatías de Heine por Francia explican en buena medida los recelos siempre suscitados por este en Alemania, acumula una serie de citas que ponen de manifiesto hasta qué punto «Heine consigue con maestría llevada al extremo burlarse en pocas líneas de toda una serie de los sueños predilectos del pueblo alemán». Cuando el lector ya está convencido de la perfidia de Heine, Brod saca un ingeniosísimo conejo de su chistera y nos dice que ninguna de las citas aportadas en apoyo de su tesis —hasta dieciséis— es de Heine, sino de Achim von Arnim, Goethe, Nietzsche, Bettina Brentano, Lessing, Grillparzer, Uhland y Rückert, todos los cuales son autores perfectamente reconocidos y aceptados en Alemania: «ninguno de ellos está mal visto. Heine sí está mal visto. Y esto a pesar de no haber dicho otras cosas peores». No tenemos la menor idea de por qué Heine es y sigue siendo tan «famoso, *plus* tan mal visto». Max Brod se confiesa incapaz de dar una explicación satisfactoria de la animadversión alemana hacia Heine, lo que, a su juicio, no hace sino subrayar la importancia del problema.

Quizás fuese este el momento de volver sobre el judaísmo de Heine y aceptar, como en el fondo pretende Max Brod, que el origen racial de Heine es la clave de su extrañamiento. A un miembro de la propia familia se le consienten expresiones que no se consienten a un extraño, y Heine fue siempre un extraño en Alemania. Ni Goethe, ni Lessing, ni Nietzsche, ni ninguno de los autores extraídos de la chistera de Max Brod eran judíos, y ellos podían decir lo que no le estaba permitido decir a un judío, por mucho que se hubiese hecho bautizar. Esto es así y es dato que nunca podemos olvidar. Me parece, sin embargo, que el ingenioso truco de Max Brod tiene truco. Es verdad que ninguno de los autores citados por él era judío, pero también es verdad que ninguno de ellos, ni siquiera Goethe, hizo de los demonios familiares de Alemania el centro de su obra y, casi me atrevería a decir, de toda su existencia. Es posible, como estiman Brod y Reich-Ranicki, que el judaísmo de Heine sea el fundamento existencial de su vida y de su obra, pero también es verdad que nadie como él hizo de su vida y de su obra una confrontación permanente con los rasgos fundamentales del ser alemán, con la intimidad alemana o con el concepto alemán de libertad, una confrontación que ahonda en el problema de la visión alemana de Heine, del que también forman parte, aunque en medida menor, su relativa impiedad —de esto se le acusó con frecuencia— o su siempre dudoso radicalismo político, algo a lo que luego tendré ocasión de referirme. Son muchos, a mi juicio, los factores comprendidos en 'el caso Heine', una de las historias de amor-odio más interesantes de la literatura universal, un asunto que desborda los límites estrictamente literarios para adentrarse en el corazón mismo de la historia europea, sin que quepa una explicación única y simplificadora del mismo.

Claroscuros del bosque: cultura contra civilización

El viaje al interior del espíritu alemán que llevó a cabo Lutero a principios del siglo XVI tuvo consecuencias fundamentales, tanto en la configuración de ese espíritu como en la historia civil de Alemania. Entre las notas que conservo de mi estancia en Alemania en 1976 existe una que considero oportuno reproducir ahora. La nota en cuestión dice así: «Siempre he acudido allí (a Alemania) en busca de la cultura alemana y, sin embargo, lo que he encontrado ha sido la naturaleza alemana, no solo esos ríos anchos y caudalosos o esos bosques densos y profundos que configuran el paisaje de Alemania, sino también ese sentimiento alemán de la naturaleza, mucho más espiritual que estrictamente estético, sin cuya comprensión es imposible entender el arte, la filosofía o la particularísima literatura alemana. Esta especial relación con la naturaleza quizás sea también una de las claves de la intimidad del alma alemana, esa especial percepción de lo íntimo que constituye una de las grandes virtudes, pero también uno de los grandes peligros de la forma alemana de entender el mundo. El alma alemana tiene una irrefrenable tendencia a replegarse sobre sí misma, a ensimismarse en su propia intimidad, a olvidarse de la existencia del mundo exterior, con el que siempre ha tenido dificultades para establecer una convivencia armoniosa. El sentimiento alemán de intimidad con la naturaleza nos ha proporcionado páginas de extraordinario lirismo, pero también nos ha llevado a una percepción romántica de la misma en la que lo específicamente humano queda peligrosamente difuminado».

La intimidad alemana encontró en Lutero su reflejo y su consagración, pues su obra proporcionó a esa intimidad una dimensión religiosa de la que hasta entonces carecía. Lutero, agobiado por una universal sensación de pecado, encuentra en la fe la paz que con tanto ahínco buscaba su alma atormentada; nada había sido capaz de hacerle merecedor de una gloria a la que tan ardientemente aspiraba; nada, ni su vida radicalmente ascética, ni su constante mortificación, había sido capaz de calmar la angustia que le devoraba; solo la fe fue capaz de dar consuelo a su ansiedad y de abrirle las puertas del paraíso. En la fe encontró su salvación y de la fe hizo Lutero el criterio único de justificación, una fe que no solo reside en nuestra intimidad, sino en lo más profundo de nuestra intimidad, fuera del mundo, allí donde solo alcanza la visión de nuestro salvador. Lutero reduce la religión a un diálogo directo con Dios, en el que nada valen ni los sacrificios que podamos hacer, ni la calidad de nuestras obras, solo la fe que anida en el fondo de nuestra intimidad. En esa intimidad luterana —que, por otra parte, acabaría desembocando en las charlas de sobremesa y en una *Gemütlichkeit* perfectamente burguesa— está prefigurada la hipertrofia del yo romántico y los excesos filosóficos del idealismo alemán, tan carente, por otra parte, del sentido común que proporciona a sus miembros una sociedad bien organizada.

Es posible que el ensimismamiento de la intimidad luterana diese lugar a una religiosidad más pura, pero si esto fue así, lo fue a costa de abandonar el mundo a su errática suerte, de olvidarse de los siempre difíciles pasos del hombre sobre la tierra. El mundo no es, como nos enseñaba el catecismo de nuestra infancia, uno de los enemigos del alma —como tampoco lo son el demonio y la carne— sino, muy probablemente, una de las condiciones de su posibilidad. El mundo no es lo contrario de la vida, ni el olvido del mundo es el camino para acceder a la plenitud de la vida, como pretenden todos los ascetismos. Es posible que el cielo, que la intimidad con Dios que pretendía Lutero, sea el destino de nuestros pasos, si es que estos conducen a alguna parte, pero para ello hemos de recorrer los caminos del mundo sin perdernos en la oscuridad de los bosques. El mundo tiene unas exigencias que no podemos olvidar sin renunciar a nosotros mismos. Necesitamos una moral mundana que pueda ser llamada civilización, no solo para convivir con nuestros semejantes,

sino también para alcanzar nuestra auténtica condición humana. El repliegue sobre sí misma que
lleva a cabo la intimidad luterana se halla en el origen de esa distinción tan alemana entre cultura y
civilización, como si estas fueran dos cosas distintas o la una fuese posible sin la otra. El desprecio
de las obras, la altiva consideración de la civilización desde las alturas de una pretendida cultura,
se toma la venganza por su mano, como efectivamente hizo un siglo xx que nos puso nítidamente de relieve que la civilización no es lo contrario
de la cultura sino lo contrario de la barbarie. Esta
pretendida oposición entre cultura y civilización,
que durante muchos años enfrentó a los hermanos Mann en una polémica en la que la razón estaba, a mi juicio, al lado de Heinrich —sin duda
mucho peor escritor que su hermano—, explica
en buena medida la histórica incomprensión entre
Francia y Alemania, como explica también las reticencias que siempre ha suscitado la obra de Heine en su patria alemana. No era posible sentar en
el trono de la cultura alemana a quien, si aceptamos estas categorías, no era culto sino civilizado, a
quien amaba el mundo con locura y a quien pensaba que la libertad no es una cuestión del espíritu
—o no es solo una cuestión del espíritu—, sino el

fundamento de una convivencia verdaderamente humana. Las veleidades mundanas de Heine maculaban la pureza del espíritu alemán y, en último término, hacían de él un traidor a la patria, pues la patria alemana fue solo, hasta fechas relativamente recientes, una patria de la lengua y del espíritu.

Thomas Mann, en el prólogo de esa obra fundamental publicada en 1918 con el muy significativo título de *Consideraciones de un apolítico*,[21] establece con precisa claridad la distinción entre cultura y civilización, capital en la consideración alemana de Heine: «La diferencia entre espíritu y política contiene la diferencia entre cultura y civilización, entre alma y sociedad, entre libertad y derecho de voto, entre arte y literatura; y el carácter alemán es cultura, alma, libertad, arte, y *no* —la cursiva es de Mann— civilización, sociedad, derecho de voto y literatura. La diferencia entre espíritu y política es, para mejor ejemplo, la diferencia entre cosmopolita e internacional».[22] El mismo Mann apoya su idea con una cita maravillosa de Nietzsche: «Entre los papeles póstumos

21. *Betrachtungen eines Unpolitischen.*
22. Thomas Mann, *Consideraciones de un apolítico.* Traducción de León Mames. Barcelona, Grijalbo, 1978, pág. 48.

de Nietzsche —nos dice Mann— se encontró una cita increíblemente intuitiva de los *Maestros Cantores*. La misma reza *"Maestros Cantores, el opuesto de la civilización, lo alemán contra lo francés"*. Este apunte es invalorable», concluye Mann.

La contraposición entre cultura y civilización estalló en toda su crudeza con el desencadenamiento de la Primera Guerra Mundial, una guerra civil del espíritu europeo que se llevó consigo, entre otras muchas cosas, la fraternal relación entre Thomas y su hermano mayor, Heinrich Mann. Thomas Mann, que siempre se sintió la encarnación del espíritu alemán, apoyó desde el primer momento y con sincero entusiasmo la postura alemana en un conflicto en el que él veía un ataque directo a la cultura alemana, a todo aquello que él consideraba la esencia de su alma. Llevado de ese ánimo patriótico, Thomas Mann publicó en una fecha tan temprana como noviembre de 1914 un pequeño ensayo de tan solo catorce páginas —*Gedanken im Kriege, Pensamientos en la guerra*, el primero de sus muchos escritos sobre la guerra— en el que dejaba clara su postura en favor de la guerra y su concepción del conflicto como un ataque de la civilización occidental a la cultura alemana. Heinrich Mann, que ya se había manifestado en múltiples ocasiones contra el nacionalismo y el militarismo alemán y que había visto interrumpida por la guerra la publicación por entregas de su novela *El súbdito,* consideró el opúsculo de su hermano un punto de inflexión en sus relaciones con Thomas (este ya había dejado de asistir al matrimonio de su hermano con la actriz checa Maria Kanová, celebrado el 12 de agosto de 1914), cortó todo contacto con él y le contestó con un ensayo que, con el título de *Zola* —otra vez una referencia francesa en contraposición al 'espíritu alemán'—, se publicó en 1915. En este ensayo, Heinrich Mann, tomando como punto de partida el *j'acusse* de Zola y su comportamiento en el asunto Dreyfus, se manifiesta abiertamente en favor de la democracia y la civilización, hace responsable al nacionalismo alemán del desencadenamiento de la guerra y profetiza la derrota alemana, algo que en 1915 resultaba impensable.

La publicación de *Zola* por Heinrich Mann fue una declaración de guerra en toda regla, una declaración de guerra al Imperio, al sistema político alemán, al nacionalismo y al militarismo y, no en último término, una declaración de guerra a su hermano Thomas, que no permaneció impasible ante la misma. Thomas, ya lo he dicho, no

permaneció impasible, rumió el problema durante los años de la guerra con multitud de notas y
pequeños escritos, y respondió al *Zola* de su hermano con un libro que, entre otras muchas cosas,
bien puede ser considerado el libro heroico de un
perdedor que no abdica de sus creencias, pues en
él reafirma sus sólidas convicciones alemanas en
un momento —1918— en el que la derrota del
imperio ya resultaba inminente: *Consideraciones
de un apolítico*.

En este libro, para mí fundamental, Thomas
Mann arremete sin mencionarlo contra su hermano Heinrich, al que califica de «literato de la civilización», en el fondo un pleonasmo pues, como
ya hemos visto, en la concepción de Thomas la
contraposición entre arte y literatura es paralela a
la contraposición entre cultura y civilización y, en
último término, paralela a la contraposición entre un Thomas Mann que se reserva para sí el papel de artista y un hermano mayor que resulta ser
un literato y, por si esto fuera poco —albarda sobre albarda—, un literato de la civilización. Pero,
más allá de esta querella entre dos hermanos con
formas radicalmente distintas de entender el mundo, las *Consideraciones de un apolítico* son una pro-
fundísima reflexión sobre el alma alemana, pero

también sobre el ser y la función del arte y de la cultura y, no en último lugar, sobre las contradicciones del espíritu europeo que entonces se estaban dirimiendo en los campos de batalla. Jamás una pelea entre hermanos —si hacemos excepción de la de Caín y Abel— ha tenido tal hondura metafísica y tal transcendencia histórica, como bien pone de manifiesto, a mi juicio, la trágica historia del siglo xx.

La actitud de Thomas Mann ante el 'problema alemán' no fue en 1945 la que había sido en 1918, pero al final de la Gran Guerra Thomas Mann todavía consideraba que la cultura y el arte eran incompatibles con la civilización y la literatura, y que estas constituían una amenaza a un espíritu alemán del que él se sentía heredero y depositario y al que no podía traicionar sin traicionarse. Para dejar clara su convicción y para enraizar esta en una tradición alemana, Mann cierra sus *Consideraciones de un apolítico* con las mismas palabras con las que Wieland concluye sus ensayos sobre la Revolución Francesa, una cita cuya contundencia excluye matices e interpretaciones: «Solamente concluiré mi existencia —dice Wieland— fiel a los principios e ideas que he expuesto públicamente desde hace más de treinta y cinco años, contribuyendo, como escritor, a impulsar todo cuanto considero sea para el mayor bien de la humanidad; y precisamente por ello he de oponerme con todas mis fuerzas, mientras sea necesario, a todos los conceptos inauténticos, confusos y mendaces de libertad e igualdad, a todas las máximas, razonamientos, declamaciones y asociaciones que apunten a la anarquía, la sedición, la subversión violenta del orden cívico y a la realización de la nueva religión política de los demagogos franco-occidentales, o también (acaso contra las intenciones de los así llamados demócratas bienintencionados) que conduzcan hacia ello, y no pongo en duda que, en este aspecto, *tendré y conservaré de mi lado a todo alemán auténticamente patriota, amigo del pueblo y ciudadano del mundo*» (las cursivas son de Mann).

HEINE Y LUTERO

Heine fue siempre, en contra de lo que pudiera desprenderse de las líneas anteriores y de su compleja condición de literato de la civilización —al menos, un literato de la civilización *avant la lettre*—, un sincero admirador de la obra y de la personalidad de Lutero, en cuyo pensamiento tiene su más directo origen la distinción entre cultura y civilización, una admiración que, sin embargo, quizás deba ser explicada para evitar algunos equívocos. La posición básica de Heine respecto a Lutero se encuentra recogida en el libro primero de *Sobre la historia de la religión y la filosofía en Alemania,* primera parte, a su vez, del libro que con el título *De l'Allemagne* publicó en 1835, llevado de su espíritu polémico y de su deseo de rebatir la imagen de Alemania dada por el libro que, con idéntico nombre, había publicado unos años antes Madame de Staël. En él dice Heine: «En Francia existen criterios tan falsos de la Reforma como de sus héroes. La causa inmediata de esta incomprensión se encuentra probablemente en el hecho de que Lutero no es solo el hombre más grande de nuestra historia, sino también el más alemán de todos, en el hecho de que en su carácter se funden del modo más grandioso todas las virtudes y todos los defectos de los alemanes, en el hecho de que representa además personalmente a la asombrosa Alemania»; y añade poco después como fundamento de su admiración: «al pronunciar Lutero la sentencia de que su doctrina no podía ser refutada sino por cita directa de la Biblia misma o por motivos de razón, se reconocía a la razón humana el derecho de interpretar la Biblia, y ella, la razón, se instituía en juez supremo de todos los litigios religiosos. Con esto nació en Alemania la llamada libertad del espíritu o, como también se la llama, la libertad de pensamiento. Pensar se convertía en un derecho, y las razones de la razón se hacían legítimas».[23]

Pero junto a este Lutero defensor de la libertad de espíritu hay un segundo Lutero al que Heine dedica idénticos elogios y que, con el paso de los años, acabaría siendo el más caro a su corazón: es el Lutero traductor de la Biblia y creador del alemán literario. De él dice Heine: «Pero no demos demasiado espacio a estas melancólicas consideraciones, pues aún tenemos que hablar del hombre providencial por el cual ocurrieron tales y tan grandes cosas para el pueblo alemán. Ya antes he expuesto cómo por él llegamos a la máxima libertad de pensamiento. Pero este Martín Lutero no nos dio solo la libertad de movernos, sino también

23. H. Heine, *Sobre la historia de la religión y la filosofía en Alemania*. Traducción de Manuel Sacristán. Madrid, Alianza Editorial, 2008, págs. 82-84.

el medio para ello: dio un cuerpo al espíritu. Dio la palabra al pensamiento. Creó la lengua alemana. Y lo hizo traduciendo la Biblia». Y luego añade: «la lengua luterana se extendió por toda Alemania en pocos años y se convirtió en la lengua escrita nacional».

En 1834, tres años después de su llegada a París, Heine mantenía intacta su esperanza en la revolución y sobre esta esperanza basó su interpretación de la obra de Lutero. En su ensayo *Sobre la historia de la religión y de la filosofía en Alemania* Heine lleva a cabo, bajo el influjo de Hegel, una interpretación de tal historia según la cual la revolución luterana habría sido el primer paso de la revolución política que esperaba a Alemania, una revolución religiosa a la que habría seguido la revolución filosófica protagonizada por Hegel, y a la que habría de seguir una revolución política que llevaría la plena libertad a Alemania. (Más adelante me detendré a analizar en qué pensaba Heine cuando pensaba en la revolución.)

El año 1848 marca, sin embargo, un punto de inflexión en la historia de Europa y, más acusadamente aún, en la vida y en la obra de Heine. La profunda decepción que para Heine supuso la revolución de 1848 se unió a la que ya le había producido la revolución de 1830 y, ya en el ámbito estrictamente personal, al agravamiento de su enfermedad, que le postró en cama hasta el día de su muerte en 1856, ocho años en los que, a pesar de los sufrimientos producidos por su esclerosis múltiple, Heine no dejó de crear, y de crear, por cierto, algunas de sus obras más íntimas y personales, entre ellas el *Romanzero,* las *Confesiones* y, por lo que aquí importa, su prólogo a la segunda edición del ensayo *Sobre la historia de la religión y de la filosofía en Alemania,* aparecida en 1852. En él Heine toma distancias respecto al libro prologado, afirmando expresamente que desde su primera aparición en 1835 «mis ideas sobre muchas cosas, especialmente las divinas, han cambiado considerablemente, y mucho de lo afirmado en este libro contradice ahora mi mejor convicción». En este prólogo Heine rompe con la escuela hegeliana, a cuyos más eximios representantes, Marx —mi empedernido amigo Marx—, Feuerbach, Daumer, Ruge o Bruno Bauer, llama «ateos autoidólatras». Este distanciamiento se hace más radical aún en las *Confesiones,* donde dice a propósito de la filosofía hegeliana: «Jamás he sido un pensador abstracto y acepté la síntesis de la doctrina hegeliana sin comprobarla, puesto que sus conclusiones halagaban mi vanidad. Yo era joven y orgulloso y le sentó bien a mi orgullo enterarme por Hegel de que el buen Dios no era, como decía mi abuela, el buen Dios que habita en el cielo, sino yo mismo aquí en la tierra». Sin abrazar fe concreta alguna, Heine, en el momento del sufrimiento, vuelve los ojos al buen Dios, a la fe de su infancia, a la moralidad del antiguo judaísmo y, muy especialmente, a la lectura de la Biblia, a la que dedica unas bellísimas páginas en sus *Confesiones*.

No es de extrañar que en estas circunstancias el interés de Heine se desplazase del Lutero revolucionario al Lutero traductor de la Biblia y ardoroso difusor de la misma. «Ahora aprecio el protestantismo muy en particular por los méritos ganados encontrando y difundiendo el libro sagrado», dice en sus *Confesiones*. Manuel Sacristán, en su ensayo «La consciencia vencida», publicado como prólogo de la edición de las obras de Heine llevada a cabo por la editorial Vergara en 1964, dice que a Heine le entró un ataque de pánico conservador en 1848, aunque, a mi juicio, la evolución política de Heine comenzó mucho antes, como pone de manifiesto la publicación de *Sobre Ludwig Börne (Über Ludwig Börne)* en 1840. Heine se aleja de la revolución y consecuentemente se aleja del Lutero revolucionario, al que, sin embargo, nunca dejará de admirar profundamente. Con independencia de su posible deriva conservadora —que luego trataré más detenidamente— hay una cuestión que separa a Heine de Lutero y no solo de Lutero, sino de esa cultura tan alejada del mundo, característica del pueblo alemán; y esa cuestión no es otra que la distinta consideración del concepto de libertad.

LA LIBERTAD LUTERANA Y LA LIBERTAD CIVIL

Sorprende realmente la brevedad de la obra teórica de Lutero y, más aún, si la comparamos con su influjo decisivo en la historia del mundo. Sus principales tratados apenas pasan de opúsculos destinados, por lo general, al debate y a la polémica, cuando no a la justificación ante sus censores o detractores eclesiásticos. Las ideas fundamentales de Lutero se encuentran recogidas en las noventa y cinco tesis que clavó en las puertas de catedral de Wittenberg y en tres obras, de las cuales la más importante es a mi juicio *La libertad del cristiano* (las otras dos son *Tratado sobre la indulgencia y la gracia* y *La cautividad babilónica de la iglesia)*, no solo por su mayor o menor altura teórica sino, sobre todo, por sus efectos, profundos y duraderos, en la vida política de Alemania. El mencionado tratado arranca con una muy conocida y aparente contradicción, con dos conclusiones en principio imposibles de conciliar; dichas conclusiones son: «el cristiano es un hombre libre, señor de todo y no sometido a nadie» y «el cristiano es un siervo al servicio de todos y a todos sometido». Lo que Lutero hace a partir de un arranque tan provocador es justificar la compatibilidad de dos proposiciones tan aparentemente contradictorias o, dicho de otra forma, justificar la conciliación de libertad y servidumbre. Es cierto que la tesis de Lutero admite una interpretación meramente teológica, acorde con el dogma fundamental de la justificación por la fe, pero también es verdad que la actuación política de Lutero y algunos de sus escritos menores — fundamentalmente su opúsculo *Contra las hordas ladronas y asesinas de los campesinos* (1525)[24]— pre-

---

24. Este opúsculo contiene expresiones terribles como la que transcribo a continuación a modo de ejemplo: «La revuelta inunda a un país de crímenes y de sangre, siembra viudas, huérfanos, y destruye todo como la más

conizan el sometimiento y la obediencia sin condiciones a la autoridad civil, limitando la libertad
al ámbito estricto de la conciencia personal. Dicho de otro modo: la libertad luterana es una libertad interior, una libertad meramente espiritual
que abandona la vida de la sociedad a la autoridad ilimitada del príncipe, mientras que la libertad de Heine es la libertad de la Revolución Francesa, una libertad civil capaz de organizar y regir
la convivencia entre los hombres. Heine no se re-
signa a recluir la libertad en el santuario del propio
espíritu, sino que exige la presencia de la libertad
en la plaza pública, algo completamente ajeno a
la libertad luterana, siempre temerosa de confun-
dirse con el mundo.

Esta confrontación de dos modelos de libertad, presente a mi juicio en la siempre conflicti-
va relación entre Heine y sus compatriotas alemanes, nos obliga a plantearnos una cuestión de la

---

terrible de las calamidades. Por eso, aquel a quien le sea
posible debe abatir, estrangular y matar a palos, en público o en privado, igual que hay que matar a palos a
un perro rabioso, y pensar que no puede hallarse nada
tan venenoso, nada tan nocivo y diabólico como un se-
dicioso».

misma naturaleza, pero de más amplio contenido, y esta cuestión no es otra que el presunto radicalismo político de Heine. Heine, ya lo he dicho anteriormente, fue acusado de todo en vida y durante muchos años después de su muerte; fue acusado de ateo, de comunista, de antipatriota, de judío, de amoral y de unas cuantas cosas más, entre ellas, de cobrar del fondo de reptiles del gobierno francés —lo cual, por otra parte, era rigurosamente cierto— o de carecer de carácter, algo que le echaron en cara sus teóricos correligionarios de la Joven Alemania y que se encuentra en el origen de su áspera diatriba contra Ludwig Börne. Este, un periodista nacido el 6 de mayo de 1786 en el gueto de Frankfurt con el nombre de Loeb Baruch, mantuvo siempre una compleja y difícil relación con Heine, una relación que se hizo aún peor cuando ambos se instalaron en París tras la revolución de 1830, y en la que se mezclaban la admiración inicial de Heine, la envidia posterior de Börne, las crecientes diferencias políticas y, no en último término, las tensiones que minaron las relaciones de los emigrantes alemanes en París, todos heridos por las nostalgias del exilio, las penurias económicas y el temor a los muchos confidentes que se infiltraron en sus filas. Börne, autor a semejanza de Heine de unas conocidísimas *Cartas desde París (Briefe aus Paris)*, fue siempre una de las cabezas visibles de la Joven Alemania y máximo representante, sobre todo en sus últimos años, del ala más izquierdista de este movimiento, cada vez más inclinado a un republicanismo radical que repugnaba a Heine. Quizás por ello —aparte, claro está, sus muchas querellas personales— Heine eligió la figura de Ludwig Börne para marcar distancias con sus antiguos compañeros de la Joven Alemania, que consideraron la publicación de *Sobre Ludwig Börne* como una traición imperdonable. Heine sería para unos —para la mayoría— un peligroso radical cuya voz debía ser acallada, y para otros —Börne y sus amigos— un radical de calculada ambigüedad y no muy claras relaciones con el mundo del poder y las finanzas.

Heine y Saint-Simon[25]

Heine comenzó su actividad política en sus años universitarios de Bonn y Göttingen —menos en Berlín, donde su centro de actuación fue el salón de Rahel Varnhagen—, en el seno de las asociaciones estudiantiles que surgieron en Alemania por todas partes y que, tras el Congreso de Viena y la ruina de las esperanzas patrióticas de los alemanes, recogieron lo que quedaba de estas y el sueño de una Alemania libre. Heine entonces compartía el entusiasmo patriótico de estas asociaciones y el no siempre claro espíritu liberal de las mismas, que pronto atrajo sobre sí la atención represiva del gobierno

---

25. Claude-Henri de Rouvroy, conde de Saint-Simon (no confundir con el primo de su padre Louis de Rouvroy —1675-1755—, duque de Saint-Simon, autor de unas conocidísimas memorias de gran influencia en la literatura francesa del xix), fue un filósofo francés nacido en París el 17 de octubre de 1760 y fallecido en la misma ciudad el 19 de mayo de 1825. El saintsimonismo, pensamiento político dimanante de su obra, se considera un precedente inmediato del pensamiento socialista. Sus ideas tuvieron una importancia fundamental en el positivismo (Augusto Comte fue su secretario) y en el pensamiento sociológico.

prusiano. Estas dos tendencias —la liberal y la patriótica— no tardaron en entrar en conflicto, manifestándose pronto en tales asociaciones un creciente antisemitismo y un profundo sentimiento antifrancés que alejaron a Heine de toda idea patriótica —no de su sentimiento profundamente alemán—, acentuando, al mismo tiempo, sus fuertes inclinaciones liberales y democráticas. La irónica e incisiva agresividad de su prosa dio especial relevancia pública a su liberalismo y a su permanente condición de afrancesado, patentes ya en sus primeros libros, los cuales trajeron consigo sus primeros éxitos, pero también sus primeros encontronazos con una censura que le perseguiría hasta el final de sus días.

Heine tuvo siempre dificultades con la censura o, lo que es lo mismo, Heine tuvo siempre dificultades para publicar sus libros en Alemania, lo que hizo que muchos de ellos se publicaran primero en Francia y luego en Alemania, en algunos casos con textos que diferían entre sí en algunos puntos no carentes de importancia. Heine supo desde el primer momento que no podría escribir libremente en Alemania, lo que, unido a sus dificultades para consolidar una situación profesional en su propio país, le llevó al exilio en París, un exilio que comenzó en mayo de 1831 y que solo terminaría con su muerte. Heine dio por definitivamente frustrados sus intentos de establecerse profesionalmente en Alemania cuando, tras su fracasada actividad comercial y sus fallidos intentos de conseguir un puesto de síndico en el senado de Hamburgo, a los que ya me he referido, vio rechazada por el rey de Baviera su pretensión de obtener una cátedra en Múnich, un puesto para el que había sido propuesto a instancias de Rahel Varnhagen, su antigua protectora de Berlín. Esta última intentona coincidió con el matrimonio de su prima Teresa —hija pequeña de su tío Salomon y hermana de Amalia, su primera pretensión—, lo que alejaba también la perspectiva de un matrimonio ventajoso, todo lo cual contribuyó, no solo a un exilio más o menos inevitable, sino también a una radicalización política derivada de su condición de excluido de su propio país o de extraño en su patria alemana.

Heine encontró pronto en París el éxito mundano que le había sido esquivo en Alemania. Una semana después de su llegada a París, escribe en una carta a August Lewald:[26] «¡no se puede

_____

26. August Lewald fue un escritor alemán nacido en Königsberg el 14 de octubre de 1792 y fallecido en Baden-Baden el 10 de marzo de 1871.

usted imaginar hasta qué punto soy aquí honrado! Cuando llegué a casa al mediodía me encon-
tré la mesa completamente cubierta de tarjetas de
visita». Los escritores franceses le aceptaron inmediatamente: George Sand, en cuyo favor fue suce-
sor de Alfred de Musset y predecesor de Chopin,
le llamaba *cousin;* con Balzac daba interminables
paseos por las Tullerías; Sainte-Beuve dijo de él
que era «un espíritu encantador, a veces divino
y a menudo diabólico»; Dumas tuvo un ataque
de cólera cuando se enteró de que su amigo había sido atacado en Alemania por su estilo de vida
muy poco alemán,[27] por su despreocupación en
cuestiones económicas y por su elegante residencia: «ça prouve que vos hommes de lettres sont
encore plus misérables que votre presse. Si l'Allemagne ne veut pas de Heine, nous l'adoptons vo-
lontiers, mais malheureusement Heine aime plus
l'Allemagne qu'elle ne mérite!";[28] con Gautier y

---

27. *Wegen seines undeutsches Lebenstils.*
28. «Esto prueba que vuestros hombres de letras son aún
     más miserables que vuestra prensa. Si Alemania no quie-
     re a Heine, nosotros lo adoptamos con gusto, pero des-
     graciadamente Heine ama a Alemania mucho más de
     lo que esta se merece».

Hugo alternaba con frecuencia y, en general, puede decirse que los franceses le adoptaron inmediatamente como uno de los suyos.[29]

Heine encontró en París —aparte de los cocine-
ros franceses y de la ligereza de unas calles repletas
de hombres amables y de mujeres hermosas— un
mundo especialmente brillante que le acogía en su
seno, y un ambiente literario abundante en nombres ilustres que le reconocían como uno de sus pares. Encontró todo esto, pero también encontró en
París una filosofía política que entonces —seis años
después de la muerte de Saint-Simon— se encontraba en su máximo esplendor, previo a una rápida
y muy acusada decadencia, una filosofía que quizás
fuese el principal sustento teórico del siempre frá-
gil y a menudo contradictorio pensamiento político de Heine: el saint-simonismo.

---

29. Ver *Heine. Ein deutsches Märchen* (Heine. Un cuento
   alemán). Fritz J. Raddatz. Frankfurt am Main, Fischer
   Verlag, 1979, pág. 60.

Helenos y nazarenos

Las relaciones de Heine con esa escuela cuasi religiosa que fue el saint-simonismo son, como todo en su vida, complejas y difícilmente reconducibles a un discurso de sólida coherencia. Heine había construido desde muy temprano un esquema conceptual en el que apoyar su interpretación del mundo, una dicotomía en la que plasmaba su visión de las cosas y también su concepción de la política o, más exactamente, de la tarea de transformación del mundo que una verdadera política debía llevar a cabo. Esta dicotomía se plasmaba —se plasma— en dos pares de conceptos específicamente 'heineanos' que nuestro volteriano ruiseñor utiliza con frecuencia con carácter básicamente indistinto: helenismo-nazarenismo o sensualismo-espiritualismo. Helenos y nazarenos encarnan dos formas radicalmente distintas de entender la vida; estos reniegan del mundo, privan de sus derechos a los sentidos, sacrifican la alegría de vivir a una futura vida del espíritu y desprecian la belleza; aquellos celebran la realidad del mundo, disfrutan el gozo de los sentidos, afirman los derechos de la vida y veneran la belleza como una verdadera donación de los dioses. Nazarenos son, a juicio

de Heine, judíos y cristianos, pero también los republicanos alemanes que le acompañaban en el
exilio de París, y Saint-Just, Robespierre o el mismo Rousseau, al que Heine consideraba el prototipo de los nazarenos, la continuación del cristianismo a través de la Revolución Francesa. Por
el contrario, serían helenos, aparte de los clásicos
griegos implícitos en esta apelación al helenismo,
Desmoulins, Danton, Voltaire o él mismo, al que
quizás pudiera acompañar el olímpico Goethe.

Estos pares de conceptos, que definen los ci-
mientos más sólidos y constantes del pensamiento político de Heine, encajaban bien con el credo
saint-simoniano con el que se encuentra al llegar a
París, una doctrina que satisfacía simultáneamente
su radicalismo y su aristocratismo, sus anhelos de
transformación social y su sensualismo. El saint-simonismo recogía un conjunto de doctrinas de las
que no todas le interesaron por igual. Así, las teo-
rías saint-simonianas sobre la organización social
le interesaron mucho más que las relativas a la organización de la producción, pues aquellas resol-
vían la contradicción existente en Heine entre sus
tendencias democráticas y el aristocratismo de sus
instintos artísticos. El saint-simonismo preconiza-
ba la abolición de todos los privilegios derivados

del nacimiento y el despojamiento del poder al clero y la nobleza, sin caer por ello en un igualitarismo que le repugnaba. Los saint-simonianos no son igualitaristas ni anarquistas, sino partidarios de una nueva jerarquía social basada en el talento, en cuya cúspide se encontraría el genio, en el fondo una idea elitista que se adaptaba bien al radical elitismo de Heine. Pero lo que más interesó a Heine del saint-simonismo fueron sus principios morales y religiosos, que predicaban una reforma radical de la moral cristiana. El cristianismo, como la mayoría de las religiones, contempla el permanente enfrentamiento de dos principios contrapuestos: el principio del bien y el principio del mal. El dogma cristiano —afirmaba Saint-Simon— considera a Dios como mero espíritu y ve en la carne el principio del mal; el cristianismo no ha querido saber nada del mundo material, al que ha condenado a las sombras del mal, produciendo así una escisión intolerable, causa de infinitos dolores para la humanidad. La misión de la nueva religión ha de ser, por tanto, la reunificación de lo que el cristianismo ha separado, la reconciliación con el mundo material y la rehabilitación de la carne, una nueva armonía que sirva de fundamento de una nueva fraternidad.

No es necesario subrayar hasta qué punto estos principios saint-simonianos concordaban con la previa configuración conceptual de Heine en el par helenos-nazarenos, una dicotomía que adquiere en su obra una dimensión política. Así afirma: «El primer objetivo de todas nuestras nuevas instituciones es la rehabilitación de la materia, el restablecimiento de su dignidad, su reconocimiento moral, su santificación religiosa, su reconciliación con el espíritu».[30] En esta reconciliación cifra Heine su esperanza en el progreso de la humanidad, pues él, como los saint-simonianos, cree en este progreso que, a través de nuevas instituciones políticas e industriales, ha de conducir a los hombres a la felicidad aquí en la tierra. Y añade: «Sí, lo digo resueltamente: nuestros descendientes tendrán más belleza y más felicidad que nosotros. Pues creo en el progreso, creo que la humanidad está destinada a la felicidad y tengo, por tanto, más alta opinión de la divinidad que aquellas piadosas gentes que creen que Dios ha creado al hombre solo para el dolor. Ya aquí en la tierra querría yo

---

30. *Sobre la historia de la religión y la filosofía en Alemania.* Madrid, Alianza, 2008, pág. 121. Me he permitido modificar en algún punto la traducción de Manuel Sacristán.

establecer, por medio de libres instituciones políticas e industriales, aquella bienaventuranza que en
opinión de la gente piadosa no puede producirse
sino el día del Juicio Final, en el Cielo».[31]

La dualidad heleno-nazareno es, junto con la
idea de una libertad no meramente espiritual, sino
una libertad civil basada en libres instituciones políticas e industriales, la única constante que podemos encontrar en el pensamiento político de Heine, quien, por otra parte, llena páginas y páginas
de consideraciones políticas con frecuencia contradictorias. En sus libros podemos encontrar ar-
gumentos en favor y en contra de la guillotina, de
la revolución, de Napoleón, de la democracia, de
los nobles, de los comunistas, de Luis Felipe, de
Robespierre o de Voltaire, de Hegel o Fichte, de
Kant y, por supuesto, de Alemania y del judaísmo,
quizás los dos grandes amores de su vida, una sel-
va oscura en la que es fácil perderse si no se tiene
presente esa constante de su pensamiento.

Al hilo de esto, Heine, al relatarnos en sus memorias sus amores casi infantiles con la roja Sefita

---

31. *Sobre la historia de la religión y la filosofía en Alema-
     nia.* Traducción de Manuel Sacristán. Madrid, Alianza,
     2008, pág. 58. El subrayado es mío.

—una pelirroja hija del verdugo de Düsseldorf, miembro por tanto de una familia socialmente excluida—, nos dice: «y a pesar de la infamia que se apodera de todo aquel que toca a la ignominiosa estirpe, yo besé a la hermosa hija del verdugo, la besé no solo por una tierna pasión, sino también por burlarme de la vieja sociedad y de todos sus oscuros prejuicios, y en ese momento se inflamaron en mí las primeras llamas de las dos pasiones a las que mi vida posterior se siguió dedicando: el amor a las mujeres hermosas y la Revolución Francesa».[32]

Las mujeres hermosas y la revolución

El amor a las mujeres hermosas y a la Revolución Francesa serían así, según nos dice el propio Heine en ese párrafo que le retrata entero, las dos grandes pasiones de su vida, las constantes subyacentes a todos sus criterios y opiniones. Seguro que es así y, sin embargo, no hay nada en su obra que nos permita saber cuál ha sido su relación con

32. Heine, *Memorias*. Traducción de Isabel Hernández. Barcelona, Alba Editorial, 2006, pág. 179.

las mujeres, más allá de lo que nos dicen sus escuetos datos biográficos. El pudor es, junto con la bondad, nos dice Max Brod, uno de los rasgos fundamentales del carácter de Heine; Reich-Ranicki, por su parte, nos dice: «... Pero sobre la vida erótica del panerótico Heinrich Heine no hemos sido informados; así, el en apariencia más frívolo de los poetas alemanes, sería en realidad el más discreto».[33]

En la obra de Heine, ya lo he dicho anteriormente, hay de todo: ironía, humor, sarcasmo, ternura, poesía, incluso insultos groseros, pero no hay nada que nos permita conocer, más allá de las simples conjeturas, cómo fue su relación con las mujeres. El pudoroso Heine no dejó tras de sí rastros significativos, y lo que sabemos de su vida erótica más induce a pensar en la pobreza que en la abundancia. Sabemos de sus amores por sus primas Amelie y Teresa, dos historias cuyo fracaso está muy presente en su *Libro de canciones* y en las que probablemente existió un componente de mero interés económico; sabemos que, tras una larga convivencia, Heine se casó en agosto de 1841

---

33. Marcel Reich-Ranicki, *Der Fall Heine*. München, DTV, 2000, pág. 89.

con una dependienta de una zapatería, una francesa de origen humilde y casi analfabeta llamada Crescence Eugénie Mirat, a la que él siempre llamó Mathilde, al parecer como pretendida trasposición a la realidad del personaje de Lady Mathilde que aparece en los *Cuadros de viaje;* sabemos, por último, que durante los últimos meses de su vida y cuando ya estaba totalmente paralizado en su tumba de colchones, Heine recibió la visita inesperada de un nuevo y último amor en la persona de Elise Krinitz, que aparece en los últimos poemas de Heine bajo el apelativo de *'La Mouche';*[34] todo ello sin tomar en consideración, además de algunas vagas referencias a múltiples aventuras, el catálogo de sus protectoras, entre las que destacan Rahel Varnhagen y George Sand, que fueron sus anfitrionas en ese gran mundo en el que pasó buena parte de su vida, así como la princesa de Belgiojoso que, además, permaneció a su lado durante sus últimos años de enfermedad y sufrimiento.

El amor era para Heine, tal como se desprende de sus poemas y de algunas confidencias

---

34. Ver a este respecto: Edda Ziegler, *Heinrich Heine, der Dichter und die Frauen* (Heinrich Heine, el poeta y las mujeres). Düsseldorf, Artemis & Winkler Verlag, 2005.

contenidas en su correspondencia, una fuente de dolor y de íntimas zozobras, algo sumamente inestable normalmente conducente a la infelicidad, un pesimismo amoroso de corte romántico que compartía con autores tan dispares como Lord Byron, Leopardi o, a su manera, Schopenhauer.[35] Es posible que el amor del heleno Heine a las mujeres hermosas fuese un amor sin mujeres hermosas, de la misma manera que su amor a la Revolución Francesa fue un amor sin revolución, pues solo en cierta medida y muy matizadamente —luego lo analizaré con más detenimiento— fue Heine un revolucionario. Lo que Heine amaba de la Revolución Francesa era la libertad civil que la misma trajo consigo y el desplazamiento de la nobleza y el clero, pero odiaba la guillotina como odiaba todo cuanto de 'nazareno' —y era mucho— había en la

---

35. Heine escribe a su amigo Moser tras el fracaso amoroso con su prima Teresa Heine: «Ya no soy monoteista en el amor y así como me inclino por la cerveza doble, así me inclino ahora también por un amor doble. Amo a la Venus medicea que está en la universidad y a la hermosa cocinera del consejero aúlico Bauer. Pero ¡ay! A las dos de una manera infeliz».

revolución.[36] De la misma manera hay que interpretar a mi juicio la constante admiración de Heine por Napoleón, aunque en este caso haya algunos matices diferenciales.

Heine y Napoleón

El culto napoleónico que Heine profesó durante buena parte de su vida tiene sus raíces sentimentales en sus años de infancia en una ciudad como Düsseldorf, entonces ocupada por los ejércitos de Napoleón y bajo la administración francesa del duque de Berg, título que Napoleón había

---

36. De esta sensación ambivalente ante la Revolución Francesa quizás sea muestra el poema «Marie Antoinette», contenido en el *Romanzero*, en el que figura la siguiente estrofa: «Estas son las consecuencias de la Revolución / y de su fatal doctrina / de todo es culpable Jean-Jacques Rousseau / Voltaire y la guillotina». No se pierda de vista la rima entre *Doktrine* y *Guillotine*. No he encontrado edición española del *Romanzero*. Un canto a la guillotina puede encontrarse, sin embargo, en los *Fragmentos ingleses*, tomo VII de los *Cuadros de viaje*, pág. 101, Madrid, Calpe, 1925, entre otros sitios.

concedido a su cuñado, Joaquín Murat. Heine nos cuenta las impresiones que en el niño que él era entonces causaban los desfiles de las tropas napoleónicas o la brillantez de sus uniformes, así como la emoción que le produjo ver personalmente al Emperador marchar a caballo en la avenida del Jardín Real de Düsseldorf, un asunto al que dedica el capítulo VIII del *Libro del tambor Le Grand*. No podemos olvidar, por otra parte, la mejora sustancial que supuso la administración francesa para la comunidad judía de Renania, que por primera vez vio en aquellos años plenamente reconocidos sus derechos de ciudadanía. Sin embargo, los motivos del culto a Napoleón no se agotaban en estos recuerdos infantiles, sino que tenía otros muchos y sólidos fundamentos en el propio carácter de Heine y en su personalísima manera de entender el mundo. Su individualismo radical y su aristocratismo —dos rasgos fundamentales sobre los que luego volveré y que llevaron al durante muchos años editor del *feuilleton* de *Die Zeit* Fritz J. Raddatz a considerar a Heine un precedente inmediato del superhombre nietzscheano[37]— le hicieron

---

37. Fritz J. Raddatz, *Heine. Ein deutsches Märchen*. Frankfurt am Main, Fischer Taschenbuch Verlag, 1979.

mantener durante toda su vida una admiración sin límites por el genio o por el gran hombre, y Napoleón, a su manera, lo era en grado sumo. Napoleón era un titán que doblegó a media Europa, al que quizás solo perdiese su ambición ilimitada, una voluntad capaz de desafiar al mundo entero desde su pequeña isla en el Mediterráneo. La francesada fue en España un desastre y en Alemania acabó dando origen a un nacionalismo de largas y trágicas consecuencias, no obstante lo cual las guerras napoleónicas contribuyeron a la difusión de la idea de la libertad por toda Europa, algo que, como ya hemos visto con anterioridad, solo podía despertar el entusiasmo de Heine. Los ejércitos napoleónicos sacaron a pasear por el viejo continente un nuevo concepto de libertad y un nuevo modelo de sociedad, según el cual, cualquiera que tuviese el talento, el valor y la energía para ello —es decir: todos menos cualquiera— podía ascender a los más altos puestos del Estado o del ejército sin consideración a su origen social, un principio al que Heine era especialmente sensible. Más que como exiliado político, Heine llegó a París como un excluido social, una persona a la que se le ha negado el acceso a una sociedad cerrada por la que se siente rechazado. Parece evidente que su condición de judío desempeñó un papel en este rechazo, pero la misma no puede ser responsable del rechazo sentimental de sus primas Amelie y Teresa Heine (quizás este sea el rechazo del orgullo de clase frente a la rama pobre de la familia) ni del fracaso del establecimiento comercial que le había procurado su tío Salomon, que probablemente se debió a méritos propios. A Heine le dolieron los fiascos que sufrió en Hamburgo y Múnich; una amargura que no logró compensar el éxito que ya entonces había tenido su *Libro de las canciones,* que en poco tiempo acumuló muchas y muy largas ediciones con cifras de ventas espectaculares que hicieron rico a su editor, pero no a él.[38] Heine sintió siempre sobre sí el peso de la censura y el rumor de una constante cantinela que le recordaba que, a pesar de la intercesión de la ninfa Loreley y de su canto renano, y de su amor por el padre Rin, nunca sería un alemán entre los alemanes, un muro que él se empeñó en derribar a patada limpia. En la admiración de Heine por la muy particular meritocracia napoleónica está contenido su anhelo de regresar al hogar, su deseo de ser aceptado en la patria a la

---

38. El *Libro de las canciones* se publica por primera vez en 1827 y tiene trece ediciones en vida de Heine.

que él creía pertenecer y a la que de hecho —y de derecho— pertenecía.

El entusiasmo de Heine por Napoleón se fue enfriando a medida que se fueron acentuando los perfiles cesaristas del Emperador y a medida que se fue haciendo evidente que Napoleón había sido un gigantesco malentendido y que el poder no era para él un instrumento de la revolución sino una ambición personal a la que todo debía ser sacrificado. «Yo quise mucho a ese hombre hasta el 18 Brumario, hasta la paz de Campo Formio le tuve simpatía; pero cuando subió los escalones del trono fue perdiendo valor sin parar; podría decirse que cayó escalinatas arriba»,[39] nos dice Ludwig Börne a propósito de Napoleón, y algo muy parecido podría decirnos el propio Heine. Su entusiasmo por Napoleón fue incondicional hasta el 18 Brumario, pero siempre, incluso después de esa fecha, mantuvo hacia él la admiración que a Heine le producía el genio, un respeto que se pone muy bien de manifiesto en «Los granaderos», uno de los poemas más conocidos del *Libro de las canciones*. Tras su entusiasmo infantil por los ejércitos napoleónicos

---

39. *Ludwig Börne*. Traducción de Manuel Sacristán. Barcelona, Editorial Vergara, 1964, pág. 793.

y un breve periodo de exaltación nacionalista en las asociaciones de estudiantes, Heine, a pesar de que consideraba al hexámetro francés un eructo rimado,[40] llegó a ser un ferviente afrancesado, algo que en ningún caso iba a contribuir a proporcionarle el favor de sus compatriotas.

Heine y Marx

Unverlässig (es decir: no merecedor de confianza) es un calificativo aplicado con frecuencia al pensamiento político de Heine, cuyas ideas han sido consideradas en múltiples ocasiones confusas o contradictorias. Además, estas ideas fueron cambiando con el curso de los años desde el radicalismo de los *Cuadros de viaje* al relativo conservadurismo de las *Confesiones,* sin que esto signifique la

---

40. «El hexámetro francés, ese eructo rimado, me resulta verdaderamente repelente. Los franceses han sentido siempre como suya esa repugnante afectación que es mucho más pecaminosa que las atrocidades de Sodoma y Gomorra». *Memorias.* Traducción de Isabel Hernández. Barcelona, Alba Editorial, 2006, pág. 110.

existencia de un proceso lineal cuyo trazado sea posible seguir con facilidad. A Heine se le puede hacer decir muchas cosas contradictorias, lo que ha hecho relativamente sencilla la tarea de aquellos que han pretendido apoderarse de su figura, pero, sobre todo, la de quienes —muchos más— han pretendido quemar en la hoguera al réprobo autor de libros heréticos e impíos. Heine siempre defendió su derecho a cambiar de opinión. «A un hombre honrado —nos dice en sus *Confesiones*— le queda el derecho inalienable de poder confesar su error abiertamente y yo quiero ejercerlo aquí sin miedo»; pero son muchos los que consideran todo cambio una traición, fruto, en el fondo, de una perversión moral. Manuel Sacristán, dispuesto a conceder la gloria a Heine si este hubiese cerrado su obra en 1844, arremete contra él por su producción final, especialmente por su *Romanzero,* que supone, a su juicio, una enmienda a la totalidad de su obra, una derrota producto de su cobardía moral e intelectual. Sacristán nos dice, al final de su, por otra parte, interesante ensayo «Heine, la consciencia vencida», que figura como introducción a la selección de obras de Heine que publicó en la editorial Vergara el año 1964: «Sin duda, la necesidad de vivir y de asegurar la existencia de su

Matilde para después de su muerte fue una de las causas de esa última falsa poesía contradictoria de la verdad hallada en su acmé. Pero la causa principal de esa ruina de su poesía está en la quiebra, ya vista, de su pensamiento. Y la causa de esta quiebra —y, por tanto, de todas las demás— es la ambigua cobardía intelectual y práctica que define el destino de Heine: tras haber visto la verdad del tiempo contra la cual naufragaba la justificación tradicional del arte, el no insertarse en las filas aún difusas de los portadores de aquella verdad era ya, en la segunda mitad del siglo XIX, mentirse y negarse, no solo, como aún pudo hacer Goethe, dejarse engañar por la utopía y el pesimismo».

El texto de Manuel Sacristán tiene, a pesar de su enormidad, cierto interés, en la medida en la que nos ofrece una estricta versión marxista-leninista del pensamiento de Heine, al que su marxismo-leninismo niega cualquier carácter revolucionario. Heine —nos dice Sacristán— habría visto la verdad, pero la inconsistencia de su pensamiento, su cobardía moral y su deseo de asegurar la existencia de su Matilde para después de su muerte (una causa que a mí me parece noble y de la que, en ausencia de su tío Salomon, se encargó su primo Karl) «le impidieron insertarse en las filas aún difusas de los portadores de aquella verdad». Es cierto que Heine intuyó la verdad, pero lo que vio le horrorizó, y lo que vio fue sencillamente la muerte de la poesía, la cual constituía la esencia de su ser. Heine llegó a vislumbrar el carácter ineluctable del ascenso al poder de las masas, incluso llegó a aceptar la necesidad de sacrificarse por el pueblo,[41] pero advirtió con temor que tal triunfo significaría la desaparición de toda la alegría, de toda la dulzura, de todo el aroma a flores que todavía pudiese desprender la existencia, el triunfo definitivo de los nazarenos, algo que luego la realidad vino a confirmar con creces, más allá incluso de sus peores previsiones al respecto. «Llegarán primero los radicales —dice Heine en una página de su *Ludwig Börne* que, a pesar de su extensión, creo que merece ser reproducida— y prescribirán una cura radical que, en última instancia, no obrará sino externamente, terminará a lo sumo con la tiña social, pero no tocará la podredumbre interna. Y aunque consiguieran liberar a la humanidad enferma de sus torturas más terribles por algún tiempo, ello ocurriría a costa de los últimos restos de

---

41. *Confesiones*. Traducción de Isabel Hernández. Barcelona, Alba Editorial, 2006, pág. 50.

belleza que aún le quedan hasta ahora al paciente; feo como un filisteo curado se levantará el enfermo de su lecho del dolor, y tendrá que arrastrarse el resto de sus días vestido con el feo atuendo del hospital, con el disfraz gris ceniza del hospital. Toda alegría recibida, toda dulzura, todo perfume de flores, toda la poesía, serán expulsadas de la vida, y no quedará de ella más que la sopa de Rumford de la utilidad. No habrá sitio para la belleza ni para el genio en la comunidad de nuestros nuevos puritanos, y una y otro serán acosados y reprimidos aún más tristemente que bajo regímenes antiguos. Pues belleza y genio son una especie de realeza, y no están adecuados para una sociedad en la que cada cual, con el mal sentimiento de su propia medianía, intenta rebajar hasta un nivel de trivialidad todos los talentos superiores. Se van los reyes y con ellos se van los últimos poetas».[42]

Manuel Sacristán, como la mayoría de los que se han ocupado de la obra de Heine, considera que el giro antipopular y antirrevolucionario de Heine se lleva a cabo en los últimos años de su vida y en sus últimas obras (concretamente en sus

---

42. *Sobre Ludwig Börne.* Traducción de Manuel Sacristán. Barcelona, Editorial Vergara, 1964, págs. 945-946.

Confesiones, en el *Romanzero* y en el prólogo a la última edición de *Lutezia*) y, sin embargo, yo creo que tal planteamiento se encuentra desde el primer momento en la obra de Heine enmascarado tras el radicalismo verbal con el que fustigó a la sociedad alemana de su tiempo —quizás su verdadero enemigo—, y contenido en ciernes en su vieja distinción entre helenos y nazarenos, quizás el hilo conductor de su pensamiento. Lo que aflora en las últimas obras de Heine es, a mi modo de ver, otra cosa en la que luego me extenderé, y esta es el drama existencial de Heine, que siempre fue, en el fondo, un personaje trágico.

El marxismo de Manuel Sacristán arremete de forma bronca contra el pensamiento de Heine y, sin embargo, el marxismo histórico siempre ha reivindicado la figura de Heine o, al menos, siempre ha procurado que Heine figurase en el árbol genealógico del comunismo, una prueba más de la ambivalencia de Heine y de la posibilidad de ser utilizado por unos y por otros. De hecho, comunistas y anticomunistas siempre han pugnado por apropiarse de su figura sin que nadie, nunca, lo haya conseguido del todo. Heine se resiste a la simplificación y al etiquetado, pues su obra y su propia personalidad resultan de una complejidad extraordinaria. Quizás no tenga sentido, como afirma Reich-Ranicki, polemizar sobre el marxismo o el antimarxismo de Heine, porque el marxismo todavía era, cuando él escribía, un concepto inexistente. Sin embargo, el hecho evidente es que el propio Heine utilizó en varias ocasiones el término comunismo o comunistas, quizás en un sentido anterior a la publicación del *Manifiesto comunista,* que se produjo el año 1848, el mismo año en el que Heine, tras su famosa visita al museo del Louvre y su desvanecimiento ante la Venus de Milo, se hundió para siempre en su «tumba de colchones». Su retórica revolucionaria, algunas manifestaciones sobre el carácter ineluctable del acceso de las masas al poder a las que ya he hecho referencia,[43] sus colaboraciones en *Vorwärts —Adelante,* el periódico que en aquellos años editaban los emigrados alemanes en París y que todavía se sigue publicando como órgano oficial del Partido Socialista Alemán— y sus relaciones con Marx durante la estancia de este en París serían algunos de los puntos que harían posible esta versión comunista

---

43. Ver a modo de ejemplo el final del Libro segundo del *Ludwig Börne.* Traducción de Manuel Sacristán. Barcelona, Editorial Vergara, 1964, pág. 849.

de Heine o que, al menos, justificarían el intento de apropiación de su figura por los comunistas, siempre necesitados, como todas las religiones, de santos, mártires y precursores. Heine publicó en *Vorwärts* su *Alemania. Un cuento de invierno,* y en los *Anales Franco-Alemanes* los *Cantos de alabanza al rey Luis de Baviera* y, sobre todo, el poema «Los tejedores de Silesia», que figura entre los antepasados de Bertolt Brecht y que quizás sea el punto de partida de lo que posteriormente se ha llamado poesía social.

Heine y Marx coinciden en París en 1843-1844, unos años decisivos en la configuración del pensamiento marxista, así como en la producción poética de Heine, que publica en esos años *Atta Troll,* los *Nuevos poemas* y *Alemania. Un cuento de invierno,* libros que marcan el punto más alto de su poesía crítica. En aquellos años era muy numerosa la colonia de emigrantes alemanes en París, un conjunto heterogéneo con el que Heine procuraba marcar distancias, especialmente a partir de la publicación de su *Ludwig Börne* en 1840. Sin embargo, Heine siempre mantuvo una relación de respeto mutuo con Marx y una cierta amistad que se prolongó hasta que este fue expulsado de Francia. Heine estaba familiarizado con el pensamiento socialista anterior a Marx, había formado parte de la feligresía saint-simoniana y conocía las obras de Proudhon o de Fourier, por lo que el pensamiento social de Marx no constituía para él una novedad sustancial. Sin embargo, admiraba el rigor y la determinación de Marx, a lo que este correspondía con la publicación de sus obras y la defensa de Heine en los círculos radicales en París, incluso ante su gran amigo Engels que, según nos informa Manuel Sacristán, había acusado a Heine de libertinaje.

Heine: ¿un aristócrata individualista?

Teniendo presentes todos estos datos es comprensible la tentación de incorporar a Heine a la causa marxista, pero lo cierto es que Heine nunca fue comunista, y que son muchas más las cosas que le separan de los comunistas que las que le unen a ellos. Heine fue toda su vida un individualista y en buena medida también un solitario: más allá de sus escarceos juveniles en las asociaciones de estudiantes alemanes, jamás fue miembro de partido, iglesia o asociación alguna, manteniéndose durante toda su vida al margen de cualquier grupo o institución. Max Brod habla del individualismo judaico de Heine, y Fritz J. Raddatz, pocas veces condescendiente con él, nos dice que su única fe y su único amor fueron su propio yo. Adorno, por su parte, matiza el individualismo de Heine al señalar que «el individualista Heine, tan individualista que no aprendió de Hegel mismo más que individualismo, no se ha sometido empero al concepto individualista de intimidad e interioridad. Su idea de cumplimiento sensible y sensual incluye también la consumación en lo externo, la idea de una sociedad sin coacción ni negación».[44] Esta renuncia de Heine a refugiarse en el concepto de interioridad e intimidad —a mi juicio, más luterano que puramente individualista— le sirve a Adorno para defender el carácter ilustrado de Heine y quizás nos sirva también a nosotros para explicar su, en muchos aspectos inexplicable, dedicación a la política. No deja de sorprender, sin embargo, que una personalidad tan individualista —incluso egotista— como la de Heine se haya

---

44. Theodor W. Adorno, «La herida Heine». En *Sobre la historia de la religión y la filosofía en Alemania*. Madrid, Alianza Editorial, 2008, pág. 247.

visto envuelta en todas las causas sociales de su tiempo, y que sus conflictos con el mundo hayan sido siempre consecuencia de sus opiniones políticas, al margen de sus indiscutibles calidades literarias. Heine quizás haya sido el poeta alemán más vilipendiado por sus propios compatriotas, y lo ha sido sobre todo por sus consideraciones sobre su propio país, quizás llenas de resentimiento, pero también de lucidez, y sobre lo que Thomas Mann consideraba algunos aspectos sombríos del carácter alemán.

Hay un texto al comienzo del Libro segundo de *Sobre Ludwig Börne* en el que Heine expresa su cansancio de la política y su anhelo de tranquilidad. Dice así: «Yo mismo estoy ya cansado de esta guerra de guerrillas y deseo tranquilidad, un estado, por lo menos, en el que pueda entregarme libremente a mis inclinaciones naturales, a mi modo y estilo soñador, a mi meditar y meditar fantástico. ¡Qué ironía del destino el que yo, que tan gustosamente me envuelvo en los edredones de la calma vida contemplativa del ánimo, el que yo precisamente estuviera destinado a levantar a latigazos a mis pobres compatriotas de sus torpes yacijas y a mantenerles en movimiento! Yo que me dedicaría con el mayor placer a observar las nubes, a inventar métricas maravillas verbales, a espiar los secretos de los espíritus elementales y a hundirme en el maravilloso mundo de los antiguos cuentos... yo tuve que editar unos anales políticos, representar intereses de la época, organizar deseos revolucionarios, estimular las pasiones, tirar constantemente de la nariz al pobre *Michel* alemán para que despertara de su sano sueño de gigante». (Parece evidente que al pobre *Michel* alemán no le gustó nada que Heine se empeñase en tirarle constantemente de la nariz.)

Heine se lamenta del tiempo perdido en publicar anales políticos y representar intereses de la época, y este lamento, por otra parte común en la retórica de artistas y poetas, me resulta sincero. Sin embargo, el hecho evidente es que a la actividad política consagró parte importante de sus energías y lo hizo en respuesta a una íntima necesidad tan ambivalente como ambivalente resulta todo en la personalidad de Heine. En las palabras anteriormente transcritas con las que comienza el Libro segundo de *Sobre Ludwig Börne* se puede detectar al patriota alemán que pugna por poner en pie una patria humillada, pero también —y mucho más probablemente, a la vista de las circunstancias que concurren en las complejas relaciones entre Heine y Alemania— al individualista permanentemente enfrentado a una sociedad que le expulsa de sí, al hombre en lucha contra la sociedad que niega su individualidad, o al genio que trata de sobrevivir en una mediocridad que le asfixia. El tema del hombre enfrentado a la sociedad —como el del héroe o el del genio— es un tema muy propio del Romanticismo, ese momento espiritual en el que por primera vez en la historia se rompe la armonía y se pone de manifiesto esa quiebra entre el hombre y su entorno social, y es que no debemos olvidar que Heine, a pesar de su aprecio por el mundo y de su empeño en realizar en él sus sueños, es un romántico de corazón, quizás no el último de los románticos, como dice él de sí mismo, sino el primero de todos ellos. El pensamiento social de Heine —en la medida que exista tal cosa— es el pensamiento de un individualista o, incluso, el de un aristócrata, de la misma manera que su poesía es un canto de extremado subjetivismo. Lo que verdaderamente atrae a Heine de los saint-simonianos no es su socialismo, sino su aristocratismo; Heine a su manera era un aristócrata cargado, además, de ese profundo resentimiento que, a juicio de Max Brod, acabó de cuajar en sus años de Hamburgo, en los que el joven y extremadamente sensible poeta tuvo que sufrir el rechazo amoroso —pero también el rechazo social de la niña rica hacia el pariente pobre— de su prima Amalia y los recelos que despertaba su condición de judío, en Hamburgo muy superiores a los por él vividos en su oasis renano o a los que posteriormente tendría que hacer frente en Berlín, donde la colonia judía estaba muy asentada en los círculos sociales e intelectuales de la ciudad. Max Brod no duda en establecer un vínculo entre el egotismo de Heine y las heridas de su juventud cuando se pregunta un tanto retóricamente: «¿Quién no ve que su sobrecargado egotismo no es sino una forma de la defensa, una cicatriz que tapa la herida de su juventud?», para añadir poco después en contestación indirecta a su propia pregunta: «Del mismo modo se explica su cinismo como medida de precaución tomada por un alma hipersensible».[45]

Fritz J. Raddatz, a quien ya he citado en anteriores ocasiones, nos dice: «la posición política de Heine es en la más alta medida ambivalente. Si hubiese que resumirla en una sola palabra, diría:

---

45. Max Brod, *Heine*. Traducción de Máximo José Kahn. Buenos Aires, Ediciones Imán, pág. 76.

aristocratismo», añadiendo poco después: «Heine con su fino y pálido rostro, sus manos delicadas y sus maneras aristocráticas ha sido siempre un republicano de boquilla, en el fondo de su corazón el más exclusivo de los aristócratas».[46] Ejemplos de su aristocratismo podemos encontrar a cientos tanto en su comportamiento como en sus escritos, un aristocratismo, además, en ocasiones duro y despectivo. En el Libro tercero de *Sobre Ludwig Börne* dice por ejemplo: «No puedo soportar el humazo del tabaco, y me di cuenta de que en una revolución alemana el papel de gran tribuno, a la manera de Börne y consortes, no me va. Me di cuenta, en general, de que la carrera de tribuno alemán no es un camino de rosas ni, sobre todo, de rosas limpias. Así, por ejemplo, tienes que apretar enérgicamente la mano a todos tus oyentes, "queridos hermanos y compañeros". Börne hablaría tal vez metafóricamente cuando dijo que en el caso de que un rey le apretara la mano, él iría luego a purificarla al fuego; pero yo no hablo en absoluto metafóricamente, sino al pie de la

---

46. Fritz J. Raddatz, *Heine. Ein deutsches Märchen* (Heine. Un cuento alemán). Frankfurt am Main, Fischer Verlag, 1979, pág. 33.

letra, cuando digo que en caso de que el pueblo me tome la mano, iré luego a lavármela».[47] Exactamente la misma idea y expresada casi con las mismas palabras puede encontrarse en las *Confesiones,* donde Heine dice: «Un gran demócrata dijo en cierta ocasión que si un rey le hubiera estrechado la mano, la habría metido inmediatamente en el fuego para limpiársela. En el mismo sentido yo diría que me lavaría la mano si el pueblo soberano me honrara con estrechármela».[48] En términos igualmente ásperos se expresa al dar cuenta de su creciente rechazo al ateísmo de los radicales alemanes cuando dice: «Pero cuando me di cuenta de que el burdo populacho, el tonto del pueblo, empezaba también a discutir los mismos temas en sus sucios simposios, donde, en lugar de las velas de cera y las girándulas, lucían tan solo velas de sebo y lámparas de aceite de ballena, cuando vi que unos andrajosos aprendices de zapatero y de sastre, en su tosco lenguaje de albergue, se atrevían a negar la existencia de Dios, cuando el

---

47. *Ludwig Börne.* Traducción de Manuel Sacristán. Barcelona, Vergara, 1964, pág. 868.

48. *Confesiones.* Traducción de Isabel Hernández. Barcelona, Alba, 2006, pág. 61.

ateísmo empezó a apestar intensamente a queso, aguardiente y tabaco, entonces se me abrieron de repente los ojos y, lo que no había comprendido por la razón, lo comprendí entonces gracias al sentido del olfato, gracias al malestar del asco y ¡alabado sea Dios! mi ateísmo llegó a su punto final».[49] El trato con sus compatriotas exiliados en París fue para Heine una tortura que nunca ocultó, lo que no contribuyó en modo alguno a granjearle simpatías entre ellos. Quizás toda su obra sea una manifestación de su sensibilidad aristocrática, pero de esa sensibilidad hace alarde expreso en su *Ludwig Börne,* un libro específicamente dirigido a quien durante mucho tiempo había sido la cabeza visible de ese grupo de republicanos alemanes refugiados en París y, con él, a todos sus compatriotas republicanos. Un altivo ajuste de cuentas previo a ese otro humildísimo ajuste de cuentas consigo mismo que fueron sus *Confesiones.*

---

49. *Confesiones,* pág. 49.

HEINE Y LA IGUALDAD

El aristocratismo de Heine llevó a Fritz J. Raddatz —que es, sin duda, quien más ha puesto de
relieve este rasgo de su personalidad— a considerarle un precedente inmediato de Nietzsche y
su teoría del superhombre *(Übermensch)*, una idea
que no necesita a Heine y que es, a mi juicio, producto de un cruce más o menos incestuoso del
arme Michel con el desmesurado Fausto, sin duda
los dos mitos fundamentales de la literatura alemana. Sí es verdad, sin embargo, que el aristocratismo de Heine y su idea del genio le llevaron, en
un terreno mucho más político y social, a negar
todo principio de igualdad, uno de los pilares fundamentales de esa Revolución Francesa que tanto
decía venerar. Sus manifestaciones a este respecto
son también meridianamente claras. En una de sus
páginas más duras dice lo siguiente: «Solo una vez,
como es natural, le oí hablar así, y precisamente
en el *Passage Saumon*, en el que Garnier presidía
la 'Asamblea Popular'… Börne habló de la prensa, la cual, dijo, debía guardarse de formas aristocráticas; Garnier echó truenos contra Nicolás, zar
de Rusia; un oficial zapatero, deforme y de piernas
torcidas, se levantó y dijo que todos los hombres

son iguales... Me enfadó mucho la impertinencia... Fue la primera y última vez que asistí a la Asamblea Popular». Por su parte en *Atta Troll* pueden leerse los siguientes versos: «¡Estricta igualdad! Que el burro / pueda ser jefe de estado / y en cambio deba el león / llevar sacos al molino».[50]

A Heine le parecía una impertinencia la simple mención del principio de igualdad de todos los hombres, y más aún si este principio era enunciado por un zapatero deforme y de piernas torcidas. Heine no era en absoluto un igualitarista y, sin embargo, no era esta cuestión la que más le alejaba de los comunistas, pues en el fondo comprendía cuál era el curso de la historia y lo aceptaba con resignación.[51]

---

50. «Strenge Gleichheit! Jeder Esel / Sei befugt zum höchsten Staatsamt / und der Löwe soll dagegen / Mit dem Sack zur Mühle traben». Traducción de Jesús Munárriz. Madrid, Hiperión, 2011, pág. 67.

51. Hay, sin embargo, sobre todo en el Heine juvenil, cantos emocionantes a la igualdad: «¡Alabemos a los franceses! Se han encargado de las dos mayores necesidades de la sociedad humana: la buena comida y la igualdad burguesa; en las artes culinarias y en la libertad han hecho grandes progresos y cuando, en un futuro, todos juntos celebremos la gran cena de la reconciliación, todos como invitados iguales —pues ¿qué hay mejor que

Su individualismo, su aristocratismo, su violento rechazo del principio de igualdad le alejaban de los comunistas, pero lo que más le distanciaba del comunismo era el carácter sombrío que descubría en esta nueva doctrina, el nazarenismo de un credo que amenazaba cuanto de belleza o de alegría pueda quedar en este mundo. Heine se daba cuenta de que la consecución de la igualdad preconizada por Marx y sus amigos exigía el sacrificio de cuanto de nuevo, de original, de distinto pueda contener la existencia, la renuncia a la alegría de vivir o, lo que es lo mismo, la aceptación de una vida sin alegría. Si alguna vez Heine había aspirado a la igualdad —y a mi juicio seguiría aspirando hasta el final de sus días— no era, desde luego, a esta igualdad republicana de zapateros deformes, sino a la de «una democracia de dioses de iguales derechos, de igual santidad, igual

_____

una sociedad de iguales ante una mesa bien surtida—, entonces les ofreceremos el primer brindis a los franceses… llegará alguna vez ese tiempo en el que todos, reconciliados e iguales, nos sentemos a la misma mesa; entonces estaremos unidos y lucharemos contra otros males del mundo, al final quizás incluso contra la muerte, cuyo severo sistema igualitario al menos no nos ofende tanto como la insultante doctrina de la desigualdad del aristocratismo».

felicidad», como el propio Heine dice en el que quizás sea su texto más repetidamente citado y sobre el que luego volveré.[52] Heine no habla nunca de los derechos humanos —otro *Leitmotiv* de la Revolución Francesa— sino de los derechos divinos del hombre, y la igualdad a la que aspira es a la igualdad de los dioses. Por eso contempla con horror la sordidez republicana, el curso de una historia que amenaza con privar al hombre de todo aquello que le puede emparentar con los dioses. «Mi miedo a este último (el comunismo) de verdad que no tiene nada en común con el temor del hombre afortunado que tiembla por sus capitales, o con la aflicción de los industriales que temen verse frenados en sus negocios de explotación: a mí me angustia más el temor secreto del artista y del erudito que ve amenazada toda nuestra civilización completamente moderna, las esforzadas conquistas de tantos siglos, el fruto de los más nobles trabajos de nuestros predecesores, con la victoria del comunismo. No obstante, empujados por la corriente de magnánimos sentimientos, podemos sacrificar los intereses del arte

---

52. *Sobre la historia de la religión y de la filosofía en Alemania.* Traducción de Manuel Sacristán. Madrid, Alianza, 2008, pág. 124.

y de la ciencia, sí, todos nuestros intereses particulares, en aras del interés común del apenado y oprimido: pero nunca más podremos ocultar qué nos espera en cuanto la gran masa en bruto, que unos llaman el pueblo, otros el populacho, y que ya hace tiempo proclamó su legítima soberanía, llegue a gobernar realmente. Muy especialmente siente el poeta un tremendo horror ante la llegada al gobierno de este torpe soberano». Helenismo-nazarenismo quizás sea la decisiva formulación, la llave para comprender no solo el conflicto de Heine con Börne o con Marx, sino su compleja personalidad con todas sus contradicciones. El heleno Heine temía al nazareno Marx y se sentía en la obligación de advertirnos a todos de la catástrofe que se nos venía encima, un desastre cuyas dimensiones ni siquiera Heine —estoy seguro— pudo imaginar.

Heine, nos dice Fritz J. Raddatz, no fue nunca un revolucionario, ni un socialista, ni siquiera un republicano. Fue un hombre que vivió reconciliado con gusto con los poderes de este mundo para afrontar las únicas aventuras que realmente le interesaban: las artísticas.[53] Quizás Heine no

---

53. Fritz J. Raddatz, *Heine. Ein deutsches Märchen*. Frankfurt am Main, Fischer Verlag, 1979, pág. 88.

fuese nunca un revolucionario, pero lo cierto es que la idea y el sentimiento de la revolución le acompañaron durante toda su vida, alimentados por los recuerdos de una infancia bajo la administración francesa de Renania y por las ideas de una juventud que tuvo en la Revolución Francesa el acontecimiento fundacional de su época. Heine, con independencia de las decepciones que luego le pudiese producir, amó siempre la revolución con ese amor inserto en las primeras miradas al mundo y en el florecimiento de la propia personalidad. Es difícil no percibir la emoción que le embargaba cuando nos cuenta en el *Libro del tambor Le Grand* cómo este le enseñaba a golpe de tambor lo que eran la libertad o la igualdad. «Monsieur Le Grand sabía muy poco alemán chapurreado, solo las palabras básicas —pan, beso, honor—, pero sabía hacerse entender a la perfección con el tambor; por ejemplo, cuando yo no sabía lo que significaba la palabra *liberté,* me tocaba la Marsellesa. Cuando no sabía lo que significaba la palabra *egalité,* me tocaba la marcha *Ça ira, ça ira... les aristocrates à la lanterne,* y yo le entendía. De esta misma forma —continúa Heine—, me enseñaba la historia más reciente. En nuestros resúmenes escolares solo ponía: "Sus excelentísimos barones y condes junto con sus excelentísimas señoras y esposas fueron decapitados; sus Altezas los duques y príncipes y sus muy excelentísimas señoras esposas fueron decapitados; su Majestad el Rey y su más excelentísima que ninguna señora esposa fueron decapitados". Pero hasta que no se oye el tambor repicando la marcha roja de la guillotina, no se puede imaginar de verdad lo que pasó, y entonces también se comprende el por qué y el cómo. Madame, ¡esa es una marcha magnífica! Me corrió por las venas como un escalofrío que me caló hasta el tuétano la primera vez que la oí y me sentí muy aliviado cuando la olvidé».[54] En realidad, Heine no la olvidó nunca, pues a continuación, en unas páginas llenas de humor típicamente heineano, cuenta cómo al cabo de muchos años, en una cena con «condes, príncipes, princesas, chambelanes, mariscalesas, coperos reales, pulidores de plata reales, cazadoresas reales y como quiera que se llame todo ese surtido de refinados *domestiques*», se puso sin darse

---

54. Heine, *Cuadros de viaje (Ideas. El libro Le Grand)*. Traducción de Isabel García Adánez. Madrid, Gredos, 2003, págs. 229-230.

cuenta a tamborilear con los dedos y le salió para su espanto la marcha roja de la guillotina olvidada desde hacía mil años. Heine siempre se consideró «un valiente soldado en la guerra de liberación de la humanidad»;[55] y no podemos olvidar que sus *Cuadros de viaje* terminan con un encendido canto a la Marsellesa y con el estribillo doblemente repetido de *¡Aux armes citoyens, aux armes citoyens!*

Heine, ya en plena madurez, publicó su *Ludwig Börne* el año 1840 y en tal libro encontramos el siguiente texto a propósito de la revolución: «hay que haber visto al pueblo con los propios ojos en épocas de revolución, hay que haberle olido con la propia nariz, hay que haber oído con los propios oídos cómo se expresa ese soberano rey de las ratas para comprender lo que quiso decir Mirabeau con la frase: "Ninguna revolución se hace con esencia de lavanda". La Revolución resulta muy bonita mientras la leemos en los libros, y ocurre en ella como con esos paisajes artísticamente grabados en blanco papel pergamino y que parecen tan limpios y acogedores, pero luego, cuando se los contempla *in natura,* aunque acaso ganen en grandiosidad,

---

55.   *Cuadros de viaje. El viaje de Múnich a Génova,* pág. 359.

ofrecen una vista muy sucia e impura en los detalles; los montones de estiércol en el grabado no tienen olor, y el pantano grabado en el cobre es fácil de vadear con los ojos».

Heine vivió en un periodo revolucionario y tuvo la oportunidad de contemplar en vida tres revoluciones: la de 1830, la de 1848 y la propia Revolución Francesa, ocurrida poco antes de que él naciera, pero parte esencial de su infancia y de su juventud. Heine vivió tres revoluciones, y las tres acabaron por decepcionarle, colaborando a conformar en él la angustia de sus últimos años en la tumba de colchones. La revolución le decepcionó, pero la revolución estuvo muy lejos de ser para Heine ese amor de juventud que pronto se olvida y que incluso puede llegar a parecernos, pasados los años, un episodio feo y desagradable. La revolución fue, a mi juicio, una constante referencia intelectual y moral en su vida hasta el instante mismo de su muerte. Cuando Heine escribe *La historia de la religión y de la filosofía en Alemania* (1835) lo hace con la pretensión de ofrecer al público francés una imagen de la vida intelectual alemana capaz de matizar o de contradecir la que previamente había dado Madame de Staël en su famosísimo libro *De l'Allemagne*. Sin embargo, lo que Heine realmente hace es una interpretación de la historia intelectual de Alemania en función de la revolución que esperaba, o, dicho de otra manera, lo que realmente hace es trazar la genealogía de una revolución que nunca llegó a producirse, escribir la historia de una revolución alemana que, en algún momento, él llegó a considerar inevitable. Así, a la revolución religiosa de Lutero, seguiría la revolución filosófica de Hegel, que, a su vez, sería el preludio de la revolución política que Heine esperaba en Alemania; una interpretación de corte hegeliano más basada en el deseo que en la nítida realidad de las cosas. Heine esperaba y deseaba la revolución, pero ello nos obliga a plantearnos qué entendía él por revolución o cuál era la revolución que Heine deseaba.

H. Lichtenberger, del que ya hemos traído a colación algunas reflexiones, se pregunta si Heine llegó a ser infiel a la idea de la revolución o a la religión de la libertad, y su contestación aporta algunas ideas interesantes sobre la consideración heineana de la revolución. Lichtenberger dice así: «Seguro que no. Lo que sucede es que Heine veía las cosas de forma distinta a la de sus antiguos camaradas. Estos concebían la revolución como una subversión política del orden constitucional, mientras que Heine la contempla como un cambio profundo de las condiciones morales y sociales. Ellos eran radicales y republicanos; Heine, por el contrario, se inclinaba cada vez más por el socialismo».[56] No parece que Heine se inclinase cada vez más hacia el socialismo, pero sí me parece seguro que para él la revolución tenía, sobre todo, un carácter moral y social, que él hacía compatible con una monarquía constitucional. En el libro que Fernando Vela tradujo en España con el título de *Lo que pasa en Francia. 1831-1832 —Französische Zustände—* hay un párrafo que, curiosamente, no he visto citado en ningún sitio, en el que Heine, consciente de lo resbaladiza que resulta la palabra revolución, procura precisar lo que él entiende por tal y lo hace de la siguiente manera: «Pero para que no se vea en el autor de estos artículos uno de esos predicantes que por revolución solo entienden trastorno y derrumbamiento y toman por esencial de la revolución los hechos fortuitos, quiero dejar definido, con la exactitud posible, el concepto fundamental. Cuando la cultura espiritual de un pueblo y las costumbres y necesidades que

---

56. H. Lichtenberger, *Heinrich Heine als Denker*. Dresden, 1921, Carl Reissner, pág. 202.

de ella nacen no están ya de acuerdo con las viejas instituciones del Estado, entra necesariamente con estas en una colisión que tiene por consecuencia su transformación, y se llama una revolución. Mientras la revolución no está terminada, mientras la transformación de las instituciones no concuerda por entero con la cultura intelectual y las costumbres y necesidades del pueblo emanadas de ella, la enfermedad del Estado, por así decir, no está completamente curada, y el pueblo enfermo, sobreexcitado, caerá muchas veces en la calma desmayada del abatimiento; pero en seguida, arrebatado de nuevo por el ardor de la fiebre, arrancará de sus viejas heridas los vendajes más ceñidos y recios y las hilas más benéficas, arrojará por la ventana los enfermeros más generosos y, dolorido y desazonado durante mucho tiempo, se revolverá de un lado y de otro, hasta encontrarse colocado por sí mismo entre las instituciones adecuadas».[57]

El texto de Heine, pretendidamente moderado y lleno de matices, describe a la perfección la mecánica de la revolución, la forma en la que esta se desenvuelve (hacer políticamente normal lo que

---

57. *Lo que pasa en Francia. 1831-1832.* Madrid, Revista de Occidente, 1935, págs. 98-99.

en la calle resulta normal sería la traducción española y moderna de este fenómeno de adaptación), pero no aborda el contenido de la revolución exigida por los tiempos ni, sobre todo, colma los anhelos románticos de quien, todavía en 1831, sigue soñando, como él, con la que entonces era, y probablemente seguirá siendo siempre, una revolución imposible. Heine se considera un soldado en la lucha por la liberación de la humanidad, anhela una revolución moral y social y aspira a modificar la cultura espiritual de un pueblo y, más concretamente —añado yo por mi cuenta—, del pueblo alemán, cuya intimidad conoce como nadie y que le ha expulsado injustamente de su seno. Heine, probablemente llevado por un elevado impulso espiritual, pero también por un muy mundano resentimiento, aspira a hacer un pueblo de helenos de un pueblo de nazarenos, a consumar la revolución que, a su juicio, habían llevado a cabo Lutero y Hegel en sus respectivos tiempos y esferas. Sus anhelos no se conforman con menos.

Es posible que la música de los cantos de Heine sea la de la Revolución Francesa, pero la letra siempre fue radicalmente distinta. La Revolución habla de derechos humanos, mientras que Heine habla de derechos divinos del hombre; la Revolución predica la igualdad de todos los hombres, mientras que Heine habla de dioses iguales; la Revolución habla de costumbres austeras y comidas sin especias, mientras Heine habla de voluptuosidad y fasto. Heine anhela una espiritualidad sensual o la reconciliación del espíritu con la sensualidad y aspira a que esta reconciliación se lleve a cabo, no en un mundo más allá de este mundo o en una vida celestial, sino aquí en la tierra, en la plenitud de una vida mundana. Ya he transcrito anteriormente una página de *La historia de la religión y de la filosofía en Alemania* donde Heine dice expresamente: «ya aquí en la tierra querría yo establecer, por medio de instituciones políticas e industriales, aquella bienaventuranza que en opinión de la gente piadosa no puede producirse sino el día del Juicio Final, en el Cielo», una idea que se repite en *Alemania. Un cuento de invierno* cuando dice (versos 35 y 36): «vamos a erigir ya aquí en la tierra / el reino de los cielos». Conviene recordar que Heine publicó su ensayo *Sobre la historia de la religión y de la filosofía en Alemania* el año 1835, cuando quizás fuese mayor su ardor revolucionario, y precisamente en ese libro encontramos la formulación más clara y extensa de lo que Heine, en el momento de máxima identificación con las ideas de Saint-Simon, entiende por revolución, una declaración en la que llama poderosamente la atención su expresa voluntad de poner distancias con los hombres de la Revolución: «La gran palabra de la Revolución, pronunciada por Saint-Just —*le pain est le droit du peuple*—, suena para nosotros así: *le pain est le droit divin de l'homme*. Nosotros no luchamos por los derechos humanos del pueblo, sino por los derechos divinos del hombre. En esto y en otras varias cosas nos distinguimos de los hombres de la Revolución. No queremos ser *sans-culottes,* ciudadanos sobrios, presidentes modestos; fundamos una democracia de dioses de iguales derechos, igual santidad, igual felicidad. Vosotros pedís vestidos sencillos, costumbres austeras y manjares sin especias; nosotros en cambio exigimos néctar y ambrosía, mantos de púrpura, deliciosos perfumes, voluptuosidad y fasto, risueño bailar de ninfas, música y comedias. Mas no os irrite esto, virtuosos republicanos, pues a vuestros censorios reproches os podemos contestar como ya hizo un loco shakespeariano: ¿crees que porque tú seas virtuoso no va a haber en esta tierra agradables tartas ni dulces vinos espumosos?».[58]

_____

58. *Sobre la historia de la religión y de la filosofía en Alemania*. Traducción de Manuel Sacristán. Madrid, Alianza

(Es difícil no reconocer en este texto de Heine muchas de las más celebradas consignas de esa revolución infantil que fue Mayo del 68: el mismo aliento romántico, el mismo anhelo de plenitud, la misma pulsión lírica. «Seamos realistas, pidamos lo imposible»; «debajo de los adoquines está la playa»; «gozad aquí y ahora» son algunos de los eslóganes más característicos de esa revolución, en buena medida producto de esa bellísima enfermedad infantil que es el Romanticismo).

HEINE, ROMÁNTICO E ILUSTRADO

Heine anhela el cielo en la tierra, ni más ni menos, una pretensión que por sí sola explica su creciente decepción revolucionaria. Él lo quiere todo aquí y ahora, pide lo imposible, mientras que el mundo, la política, la vida sobre la tierra es el reino de lo posible, un territorio acotado por unos límites precisos que nos constituyen y que solo en

---

Editorial, 2008, págs. 123-124. La cita de Shakespeare procede de *Como gustéis,* Acto II, escena 3.ª.

ocasiones, de manos de la bondad o de la belleza, nos es dado traspasar. El Romanticismo carece de la noción de límite y eso le inhabilita para la política, un ámbito en el que ha producido grandes estragos; el anhelo romántico no conoce los límites y estos, sin embargo, resultan esenciales para ordenar la convivencia, para promover un progreso sin sobresaltos o, incluso, para configurar la propia noción de ciudadano, una noción en la que los deberes quizás sean más importantes que los derechos, un ciudadano que es el único sujeto político y cuya entidad como tal desaparece entre las olas de la revolución.

Hay en Heine una permanente insatisfacción ante cualquier realidad política positiva o ante los resultados de las varias revoluciones que le tocó vivir, una insatisfacción de corte romántico, incapaz de asumir el posibilismo propio de la política o la intrínseca limitación de esta, para muchos una concepción infantil de las cosas que en Heine convive con un apoyo permanente a la monarquía constitucional, una idea constantemente enunciada pero nunca desarrollada, que quizás sea una manifestación más del profundo aristocratismo de Heine, o una nueva manera de formular el lamento que ya formuló cuando dijo «se van los reyes y con ellos se van los últimos poetas».

Heine elogia a Mirabeau, el político puro en la consideración de Ortega, y recomienda «a todos los inquietos y tímidos regentes de Europa la lectura de esas líneas de salvación del Estado trazadas por el mayor genio político de nuestra época con profética lucidez y matemática seguridad». «Mirabeau —añade— fue precisamente el profeta de aquella Monarquía constitucional, que, según mi opinión, era el deseo de aquel tiempo, y que, bajo una fórmula más o menos democrática, responde aún en el presente a los deseos de Alemania. Este realismo constitucional fue lo que más perjudicó la reputación del conde; los revolucionarios, que no le comprendían, veían en ello una apostasía y creían que había vendido a la Revolución. Denostábanle en competencia con los aristócratas, que le odiaban precisamente porque le comprendían, porque sabían que Mirabeau quería rejuvenecer y salvar al Rey a su costa, aniquilando la economía de privilegio que gozaban». Pero Mirabeau murió demasiado pronto (Heine nos da los detalles no sin cierta admiración: «Mirabeau murió por haber gozado a dos bailarinas, las señoritas Helisberg y Colomb, y una hora antes, un gran pastel

de trufas») y «todavía se sigue discutiendo si Mirabeau habría logrado salvar la monarquía y darle
nuevos fundamentos».[59]

A pesar de este rotundo elogio a la obra de Mirabeau, que bien puede ser interpretado como una
manifestación de realismo político —una de las
pocas que he sido capaz de encontrar en su obra—,
el pensamiento político de Heine, con tantas contradicciones como su propia personalidad, permanece anclado en un Romanticismo que convive
con algunos elementos ilustrados que, como ya hemos visto, permiten decir a Adorno que «Heine es
el único de todos los nombres célebres de la poesía
alemana que, a pesar de su afinidad con el Romanticismo, ha conservado un concepto de Ilustración
no aguado». Ilustrado es, sin duda, el concepto de
libertad civil que Heine mantuvo constante en su
obra desde sus primeros escarceos teatrales hasta
el día de su muerte en París. Heine admira la figura de Lutero y aprecia la libertad espiritual que
su revolución religiosa regaló al pueblo alemán,
pero considera que la revolución luterana es tan

---

59. *Lo que pasa en Francia. 1831-1832*. Traducción de Fernando Vela. Madrid. Revista de Occidente. 1935. págs.
182-184.

solo el primer paso de una revolución más amplia en cuyo centro se encuentra la libertad civil de todos los ciudadanos. Ilustrado es también su aprecio del mundo y su combate por una revolución mundana que se ha de llevar a cabo aquí en la tierra y no en un más allá celestial como creen las gentes piadosas. Heine quiere «erigir ya aquí en la tierra el reino de los Cielos», una expresión tan romántica como ilustrada que pone bien de manifiesto la complejidad de su pensamiento. Ilustrada es, por último, su añoranza de la legalidad tal como se manifiesta en sus crónicas sobre los acontecimientos franceses de 1831: «La suspensión de la legalidad en que ahora nos encontramos aquí es insoportable… El Gobierno… se ha alzado sobre las leyes: posición peligrosa. Porque con razón se dice: *qui est au-dessus de la loi, est hors de la loi*».[60]

Existen en la obra de Heine huellas evidentes del pensamiento ilustrado que, sin ser suficientes para desvirtuar el carácter romántico de su visión del mundo, otorgan a esta una nueva dimensión que ahonda el dolor subyacente a su obra y hacen de Heine el primer poeta moderno, por delante de Baudelaire o Verlaine. Resulta inevitable

---

60. Quien está por encima de la ley, está fuera de la ley.

que los anhelos románticos choquen con la realidad del mundo, y que cuando este choque se produzca aquellos busquen un refugio que los libre del suicidio o de la locura, dos males románticos por excelencia. Pedir lo imposible, pretender saltar por encima de los límites que nos configuran, tiene consecuencias, y estas consecuencias suponen siempre un desgarro profundo del alma. Heine se enfrenta a la decepción de sus ideales políticos, a la agonía de la Revolución en Francia, a la consolidación del imperio autoritario de Prusia, y percibe con angustia no ya la derrota de sus ideales, sino la absoluta imposibilidad de «erigir en la tierra el reino de los Cielos», un proceso que se hará mucho más intenso y doloroso a partir del año 1848, no solo por el fracaso de la revolución de ese año sino también por el agravamiento de su enfermedad, que le aleja de esa vida que fue siempre, sin duda, su más profundo y constante amor.[61] Heine bus-

---

61.   En una carta a Gustav Kolb fechada el 13 de febrero de
      1852, Heine resume así la situación: «Los bellos ideales
      de moral política, legalidad, virtud ciudadana, liber-
      tad e igualdad, los rosados sueños matutinos del siglo
      XVIII, por los que nuestros padres fueron a la muerte
      tan heroicamente y que nosotros seguíamos soñando
      con el mismo anhelo de martirio, yacen a nuestros pies

ca un refugio y no lo encuentra; y no lo encuentra porque sus ideas ilustradas le niegan el acceso a los que siempre han sido los refugios propios del Romanticismo: el repliegue sobre una intimidad alejada del mundo o una religiosidad institucional en el seno, sobre todo, de la Iglesia católica. Heine no puede refugiarse en una cultura solipsista o en una cultura sin civilización, pues ama el mundo y ha conocido la libertad, como tampoco puede abrazar una iglesia, cualquiera que sea esta, y ello con independencia de que al final de sus días volviese la vista a un Dios personal que es, sobre todo, compasión. *«Dieu me pardonnera. C'est son métier».* Dios me perdonará. Es su oficio, le dice Heine a Mathilde ante la proximidad de su muerte.

Heine contra Heine. Es el Heine ilustrado el que mantiene a la intemperie al Heine romántico, el que le impide cobijarse en la tormenta, el que le conduce a esa angustia existencial con la que inaugura el mundo moderno. El ruiseñor alemán no encuentra en la peluca de Voltaire un nido acogedor, sino la soledad —Max Brod habla de la soledad judaica—, una soledad radical en un mundo

---

destrozados, abatidos como cascotes de jarrones de porcelana, como sastres fusilados».

carente de armonía. Esta fractura es producto sin duda de la hipertrofia del yo romántico, de ese momento en el que el yo se distancia del mundo y de la naturaleza para transformarse en la única realidad reconocida por el idealismo alemán, pero solo en Heine esa fractura se transforma en un desgarro íntimo, en una dolorosa contradicción, en una herida profunda que acabará siendo la herida fundacional del arte moderno.

Heine, el último poeta del siglo XVIII

Heine fue un poeta y un poeta romántico. Ha sido frecuente en la crítica literaria considerarle un gran poeta, pero solo un gran poeta, dejando en un segundo término su abundantísima obra en prosa que, sin embargo, contiene en germen todo el alemán moderno y buena parte de los géneros —la crónica, el reportaje, los libros de viaje, los comentarios de actualidad— que todavía hoy siguen alimentando nuestra literatura. Heine fue dramaturgo, periodista, agitador político, portavoz de la cultura alemana en Francia, ensayista e incluso filósofo, pero Heine siempre fue, en todas y cada una de sus inagotables facetas, un extraordinario poeta.

Heine no se cansa de repetirlo: «yo he sido siempre un poeta». Reich-Ranicki nos cuenta a este propósito la siguiente anécdota: «Heine era sobre todo un poeta, al que, a pesar de todas las afirmaciones en contrario, le interesaban más el arte y la poesía que la política y la sociedad. Börne le preguntó adónde había ido en primer lugar tras su llegada a París, pensando que habría ido a visitar los monumentos del reciente pasado francés. Pero Heine tuvo que desengañarle, pues su primer paseo le llevó a la *Bibliothèque Royale* para ver el manuscrito del Codex o Cancionero Manesse, allí conservado.[62] Los versos de Walther von der Vogelweide eran para él más importantes que el Panteón». [63] Y no es solo que Walther von der Vogelweide fuese para él mucho más importante que el Panteón, es que todo el pensamiento de Heine era,

---

62. El Codex Manesse, bellísima recopilación de la poesía medieval alemana, se encuentra actualmente depositado en la biblioteca de la Universidad de Heidelberg, donde regresó en 1988.
63. Marcel Reich-Ranicki, *Der Fall Heine*. München, Deutscher Taschenbuch Verlag, 2000, págs. 63-64.

en cualquier circunstancia, esencialmente poético. Poética era su distinción fundamental entre helenos y nazarenos; poética era su defensa de unos reyes que, al partir, se llevan consigo a los poetas; poético era su anhelo de un cielo en la tierra; poética fue su manera de mirar a la muerte durante los ocho años de su larguísima agonía en su tumba de colchones. Heine, en su libro *Sobre la historia de la religión y de la filosofía en Alemania,* dice: «El idealismo fichteano figura entre los errores más colosales que jamás haya alumbrado el espíritu del hombre. Es más ateo y condenable que el materialismo más grosero. Lo que aquí en Francia se llama ateísmo de los materialistas sería, como podría mostrar, algo edificante, algo piadoso y devoto en comparación con los resultados del idealismo trascendental de Fichte. Lo que es seguro es que los dos me repugnan. Los puntos de vista de ambos son antipoéticos». Los dos puntos de vista le repugnan porque son antipoéticos, una conclusión con la que Heine eleva la poesía a criterio de verdad. No hay verdad que no sea poética, de la misma manera que toda auténtica poesía ha de ser siempre verdadera: no hay poesía sin verdad. Heine es un poeta en estado puro y un poeta, además, de estricta observancia, pues nada hizo en este mundo que no fuese escribir, y —recordémoslo— escribir siempre poesía.

Heine fue un poeta, y un poeta romántico, con independencia de que su Romanticismo fuese capaz de ir más allá de sí mismo y de que el propio Heine se considerase a sí mismo como el último de su estirpe. «Mucho mejor que la mayoría de sus críticos —dice Reich-Ranicki— sabía Heine que el Romanticismo, al que tantas veces había atacado, era la patria de su alma». Quizás sea Heine un *romantique défroqué* —un romántico exclaustrado—, como dijo de él Henri Blaze de Bury, pero en todo caso un romántico que permaneció como tal hasta el final de sus días.

Heine elige para iniciar sus *Confesiones* las siguientes palabras que, a mi modo de ver, lo dicen todo: «A pesar de mis campañas de exterminio del Romanticismo, he seguido siendo siempre un romántico, y lo he sido en un grado mucho más elevado de lo que yo mismo suponía. Tras haber asestado los golpes más mortales al sentido que pudiera tener la poesía romántica en Alemania, me sobrecogió una nostalgia infinita por la flor azul del país imaginario del Romanticismo, y eché mano del viejo laúd encantado y canté una canción en la que me entregué a las más hermosas exageraciones, a todas las borracheras de la luz de la luna, a toda la floreciente locura de los ruiseñores de esa melodía antaño tan apreciada. Sé que fue la última canción a las libres selvas del Romanticismo y yo soy su último poeta: conmigo se cerró la vieja escuela lírica de los alemanes, mientras a un tiempo yo inauguraba la nueva, la moderna lírica alemana». Heine fue un romántico que sabía que entre cielo y tierra hay cosas que no explica la razón y que contrapone al cartesiano «pienso, luego existo» otra sentencia de mayor aliento poético y, por tanto, de acuerdo con la gnoseología heineana, mucho más verdadera: *ich küsse, also leb ich*: beso, luego vivo.[64]

No deja de sorprenderme la exactitud de la visión que Heine tiene de sí mismo y de su posición en la historia de la literatura y, sin embargo, Fritz J. Raddatz, con la ventaja de una perspectiva centenaria, se permite corregirle diciendo que Heine «no era, como a él le gustaba fabular, el primer hijo del siglo xix, sino el último del siglo xviii y el primer poeta del siglo xx». Heine no inaugura, como él piensa, la moderna lírica alemana, sino toda la

---

64. *Atta Troll.* Traducción de Jesús Munárriz. Madrid, Hiperión, 2011, pág. 115.

lírica, incluso toda la sensibilidad moderna, dando a su *pathos* romántico una nueva dimensión, que se extiende como una mancha de aceite sobre la filosofía existencial y el arte de las sucesivas vanguardias. Heine inaugura la modernidad; modernos son sus versos y moderna es una sensibilidad que encuentra en su propia fractura su forma característica de habitar el mundo.

Sus versos, sencillos y falsamente populares, sirven de inocentes mensajeros a sus más íntimos conflictos. Su preferencia por las formas menores y la rima asonante, al modo de nuestro romancero,[65] refuerza esta sencillez formal que rompe con los metros tradicionales y la rima consonante característicos de la poesía alemana, y anuncia una libertad formal de la que el siglo XX va a hacer

---

65. Sin ahondar nunca demasiado, se ha hablado con frecuencia de la influencia de Heine en la literatura española (especialmente Bécquer y Larra), pero muy pocas veces de la influencia de España en la obra de Heine, que es, a mi juicio, mucho más importante. En una carta a A. Lewald citada por Manuel Sacristán, Heine dice: «Estoy pensando siempre en España, y me siento irresistiblemente arrastrado hacia Madrid. Quiero leer alguna vez el Quijote en la Mancha; además, espero perfeccionar allí mucho mi construcción de asonancias».

uso en abundancia.[66] Heine introduce en sus versos términos y expresiones coloquiales que enriquecen el lenguaje poético al que impregna, además, de un melancólico —a veces profundamente amargo— sentido del humor y de una ironía en la que se expresa su distanciamiento y su desasosegante dualidad.

Heine es el primero de los grandes escritores que construye su obra en los periódicos, lo que, sin duda, constituye una novedad que proporciona nuevos caracteres estilísticos a sus escritos. Su prosa surge en el fragor del día, escrita en la prensa periódica a menudo como vehículo de una controversia política, como es el caso de su *Sobre Ludwig Börne,* que, como ya hemos visto, contiene, a juicio de Thomas Mann, la mejor prosa alemana. Su prosa tiende a la sencillez, a la brevedad, a la utilización de la frase corta y aguda en busca de una eficacia imprescindible en aquellos medios dirigidos a un público amplio y no necesariamente interesado en

---

66. Probablemente el uso de la rima asonante se deba a la influencia de su luego denostado maestro Schlegel, que fue quien, según Menéndez Pidal (ver *Los españoles en la literatura.* Madrid, Austral, 1971, pág. 43), «introdujo en el drama alemán esa singular rima española».

la gran literatura. Heine es un extraordinario maestro de esgrima que utiliza su prosa como si fuese un florete ligero y flexible, sí, pero sorprendentemente eficaz. Su prosa coquetea permanentemente con el aforismo, lo que le convierte en un autor propicio a la cita, un escritor cuyos dichos y sentencias son constantemente utilizados en defensa de cualquier cosa y de su contraria, pues no en vano es el rey de la ambivalencia y de la contradicción.

Heine, autor de una obra abundante, aunque fragmentaria y dispersa —otro rasgo evidente de la modernidad que Heine inaugura—, incorpora a la gran literatura géneros hasta entonces considerados menores o simplemente inexistentes. El libro de viajes ha existido siempre desde que la Odisea inauguró el género y, muy posiblemente, toda la cultura occidental, pero Heine transformó el libro de viajes en un inmenso cajón de sastre sin orden ni concierto en el que el único nexo de unión es él mismo, sus opiniones y sus puntos de vista siempre polémicos y combativos. El reportaje probablemente le deba a Heine su existencia como género literario, así como esa poesía civil, plasmada en *Atta Troll* o en *Alemania. Un cuento de invierno,* que él inventó y que luego ha producido frutos tan desiguales.

Reich-Ranicki dice que Heine es una figura de la *Weltliteratur,* la única, añade, que Alemania tuvo entre Goethe y Thomas Mann. Este juicio no se refiere tanto a su calidad literaria como a otro hecho más importante para la historia de la literatura, tal como, a mi juicio, es la incorporación de la sensibilidad alemana a la cultura europea, un acontecimiento que le corresponde casi en exclusiva. Heine es un escritor europeo que hizo que la literatura europea fuese, a su vez, una literatura alemana. Heine mantuvo vivo en Alemania el espíritu de la Ilustración pero, al mismo tiempo, fue capaz de introducir en la cultura europea —no solo en su literatura, sino también en la filosofía o en el arte— esa sensibilidad romántica por él depurada y elevada a la categoría de filosofía existencial.

Todo lo anteriormente dicho nos habla de un escritor moderno, pero nada de ello hubiese sido suficiente para hacer de Heine, como Raddatz nos dice, el primer poeta del siglo xx con casi cincuenta años de anticipación. Si Heine inaugura la modernidad, si Heine ha sido capaz de impregnar con su espíritu todo el espíritu del siglo xx, no ha sido por los géneros utilizados ni por su estilo breve, agudo e incisivo, sino por lo que bien podemos denominar la herida Heine, una herida que no se ha cerrado todavía y que no sé si alguna vez será capaz de cicatrizar.

Max Aub, en una conferencia celebrada el 17 de febrero de 1956 en el Instituto Alejandro de Humboldt de México para conmemorar el primer centenario de la muerte de Heine, nos dice citando unas palabras de Menéndez y Pelayo: «Al comenzar el presente estudio, como siempre que pienso en poetas contemporáneos, acuden involuntariamente a mi memoria estas tristes palabras de Enrique Heine, en un capítulo de sus *Cuadros de viajes:* "en otro tiempo, en la antigüedad, en la Edad Media, el mundo era de una sola pieza y había poetas *enteros.* Honremos a estos poetas y gocemos de su ingenio; pero toda imitación de su unidad es una mentira, que difícilmente se oculta a los ojos que saben discernir lo verdadero de lo falso".

«Y añade con profunda amargura Enrique Heine, que es lástima que el mundo se haya partido en dos y que el corazón del poeta, no pudiendo mantenerse íntegro ni compacto, haya padecido los efectos de esta violenta división».

Max Aub, por su parte, sintetiza todo lo anterior diciendo: «El mundo se había partido en dos y Heine ejemplo de esta poesía rota que nos ha tocado vivir».[67]

Una poesía rota en un mundo roto. La fractura que se produce en el corazón de Heine no afecta solo, como ya hemos visto, a la quiebra de sus sueños revolucionarios, sino a algo mucho más íntimo y profundo, a la raíz de su propia existencia. Toda su obra nace —no lo he dicho hasta ahora— de una profunda alegría de vivir, hasta el punto de hacer de esta alegría, enmascarada bajo el concepto de helenismo, el fundamento de su visión del mundo. Sin embargo, Heine en una de sus últimas cartas a su madre le dice, a modo de resumen de lo que ha sido su vida: *«Es ist mir nichts geglückt*

---

67. Max Aub, *Heine.* Fundación Max Aub, 2000, págs. 83-84.

in dieser Welt», una confesión que, traducida al español, podría decir algo así como «nada me ha salido bien en este mundo». Heine le confiesa a su madre su infelicidad, pero no se queja de que la vida haya sido especialmente inmisericorde con él o de que su existencia se haya visto especialmente maltratada por las circunstancias —como efectivamente lo fue—, sino que considera que la vida terrenal —*in dieser Welt* o *auf dieser Welt*— es incapaz de proporcionar esa felicidad, pues *«nichts ist vollkommen hier auf dieser Welt»*, nada es perfecto en este mundo.

Heine ama la vida por encima de todas las cosas y permaneció toda su vida fiel a este amor. En su poema *Präludium* formula esta declaración de amor de la forma más rotunda y contundente posible: «la vida hierve en mis venas y soy de la vida el hijo más fiel». En las emocionadas palabras que Heine dedica a su padre en sus *Memorias,* subraya con admiración, como uno de sus principales rasgos de carácter, su ilimitada alegría de vivir, y añade: mi padre «pensaba menos con la cabeza que con el corazón y tenía el corazón más amable que uno se pueda imaginar». Heine admiraba profundamente a Jan Steen, el famoso pintor de Leiden, y de él nos dejó en las *Memorias del señor de*

Schnabelewopski un elogio que constituye, además, una nueva declaración de amor a la vida y un acabado retrato de esta, tal como él la veía: «Era (se refiere a Jan Steen) igualmente grande como pintor religioso, y esto se verá con claridad cuando la religión del dolor se extinga y la religión de la alegría arranque esa turbia flor de los rosales de este mundo y los ruiseñores puedan cantar por fin sus embelesos largo tiempo secretos. Pero ningún ruiseñor podrá cantar tan alegre y jubiloso como pintó Jan Steen. Nadie ha comprendido tan hondamente como él que en este mundo siempre debería ser fiesta; comprendió que nuestra vida no es más que un beso vivo de Dios, y sabía que la mejor manifestación del Espíritu Santo es la luz y la risa».

Heine amaba profundamente la vida, pero se trataba, a mi juicio, de un amor no correspondido, pues la vida no fue muy amable con él, como, en general, no suele ser amable con quienes la aman sinceramente. El *Libro de las canciones,* el primer gran éxito de Heine y todavía hoy su libro más leído, es un poemario que canta casi exclusivamente los dolores de un amor no correspondido, el amor, a juicio de la mayoría, de Heine por su prima Amalia. Sin embargo, Reich-Ranicki considera que el amor no es el verdadero tema del *Libro de las canciones,* sino otro que afectaba más directamente a Heine y le dolía más que nada sobre la tierra, a saber: «el dolor del judío alemán poco antes de su emancipación o, más precisamente, el de alguien nacido en el mundo alemán que anhela ser admitido por este... el dolor de quien se siente un paria». El verdadero tema del *Libro de las canciones* —también lo dice Reich-Ranicki— no es el amor, sino la imposibilidad de este, lo que proporciona a este poemario, aparentemente inocente, toda su hondura metafísica, sobre todo si tenemos en cuenta que el verdadero amor de Heine fue siempre una vida que siempre le trató con desdén.

Cuando se dispone a contar su vida a una interlocutora para nosotros desconocida, Heine dice a manera de prólogo: «La noche es muda. Tan solo afuera la lluvia golpea los tejados y el viento otoñal gime melancólico. La pobre enfermera, en este momento, está casi agradablemente oculta y yo estoy sentado sin dolores en el gran sillón. Entonces entra su adorada imagen sin que se mueva el picaporte, y se tumba a mis pies sobre el cojín. Yo coloco su hermosa cabeza sobre mis rodillas y escucho sin levantar la vista. Voy a contarle el cuento de mi vida. Si en algún momento caen unas gruesas gotas sobre su cabeza rizada, no se alarme; no es la lluvia que se cuela por el tejado. No llore y tan solo apriéteme la mano en silencio».[68]

En la tumba de colchones

El año 1848 marca un hito fundamental en su vida. Durante los días de la revolución de febrero, Heine sale de casa y se dirige al Louvre y allí tiene lugar el suceso más repetidamente reproducido en todos los libros sobre Heine: «Una vez en el Louvre, Heine se dirige a echar cuentas con su diosa, su símbolo del helenismo, la Venus de Milo. Ante ella —así lo cuenta Manuel Sacristán—, presa a la vez de la crisis definitiva de su dolencia espinal y de una infinita angustia —la diosa, sin brazos, no podía ayudarle—, Heine cayó sin sentido, tuvo que ser transportado a su casa y no se levantó

---

68. Heine, *Memorias*. Traducción de Isabel Hernández. Barcelona, Alba Editorial, 2006, pág. 105. Una formulación casi idéntica, aunque casi treinta años anterior, puede encontrarse en *Cuadros de viaje (Ideas. El libro Le Grand)*. Traducción de Isabel García Adánez. Madrid, Gredos, 2003, pág. 270.

ya nunca más de la "tumba de colchones", sino en brazos ajenos». El propio Heine cuenta este mismo incidente en el postfacio de su *Romanzero,* con objeto de explicar el alcance exacto de su conversión religiosa, un asunto del que luego hablaré. Heine lo cuenta así: «Fue en mayo de 1848, el último día que salí de casa, cuando me despedí de los amables ídolos a los que yo había adorado en los tiempos de mi felicidad. Con grandes esfuerzos me arrastré hasta el Louvre, y casi me desmayé cuando entré en la sublime sala donde la bendítísima diosa de la belleza, Nuestra amada Señora de Milo, se encontraba sobre su pedestal. Permanecí largo rato tendido a sus pies y lloré tanto que hasta las piedras tendrían que haberse compadecido de mí. También la diosa me dirigió desde sus alturas una mirada de compasión, pero tan desconsolada como si quisiera decir: ¿no ves que no tengo brazos y que no te puedo ayudar?».[69]

---

69. Heine, *Nachwort zum Romanzero* (Epílogo al Romancero). Edición de Ernst Elster. Leipzig und Wien, Bibliographisches Institut, 1890, volumen I, pág. 487. El chiste que, enfrentado a la muerte, hace Heine con los brazos de la Venus de Milo, alcanza caracteres verdaderamente trágicos.

A partir de este día —fuese en febrero o en mayo de 1848— y hasta el día de su muerte, que tuvo lugar en París el 17 de febrero de 1856, es decir, durante ocho años justos, Heine, decepcionados todos sus sueños políticos, abatido por una enfermedad degenerativa que le hacía casi imposible el más mínimo movimiento, definitivamente lejos de Alemania, va a vivir con la compañía permanente del dolor y de una muerte que ya no es una sombra lejana sino una presencia cotidiana; ocho años en los que, a pesar de todas las dificultades, va a producir una parte sustancial de su obra, para muchos su culminación y para otros la manifestación más palpable de su ruina intelectual y moral. En esos ocho años Heine va a publicar su *Romanzero* —quizás su obra fundamental, aunque no la más popular— y *Fausto. Un poema para danza,* ambas obras en 1851; *Los dioses en el exilio* en 1853; y dos volúmenes de escritos varios en los que se incluyen sus *Confesiones, La diosa Diana,* que es un apéndice a *Los dioses en el exilio, Ludwig Marcus,* los *Poemas de 1853-1854* y las dos partes de *Lutezia;* un importantísimo conjunto de obras, al que además habría que añadir su celebérrimo prólogo a la edición de 1852 de *Sobre la historia de la religión y de la filosofía en Alemania,* una sencilla introducción que escribe a instancias de su editor Julius Campe, en la que va a ajustar cuentas con su pasado y que, por si todavía le faltase algo tras *Sobre Ludwig Börne,* va a suponer su definitiva ruptura con la izquierda alemana, que le acusa de todo, incluida la traición. «El presente libro —nos dice Heine en el mencionado prólogo— es fragmento y como fragmento quedará. Confesaré sinceramente que más me habría gustado no imprimirlo. Pues desde su primera aparición (1835) mis ideas sobre muchas cosas, especialmente las divinas, han cambiado considerablemente y mucho de lo afirmado en este libro contradice ahora mi mejor convicción... No obstante, un hombre honrado tiene siempre y en todas las circunstancias el inalienable derecho de confesar abiertamente su error; y quiero ejercitar este derecho aquí sin pudor alguno. Por eso confieso redondamente que todo lo que en este libro se refiere a la gran cuestión de Dios es tan falso cuanto insensato»; una confesión que completa calificando a los más ilustres representantes de la escuela hegeliana, Ruge, Marx, Feuerbach, Daumer y Bruno Bauer, de ateos autoidólatras.

Enfrentado al dolor y a la muerte, Heine regresa a los brazos de Dios, a un Dios personal que no se identifica con ninguna de las iglesias con las que había tenido contacto a lo largo de su vida. Heine insiste mucho en ello, en parte como respuesta a los muchos que le acusaron de volver al protestantismo o, incluso, de integrarse en la Iglesia católica, pues no en vano se había casado con Mathilde por el rito católico en la iglesia de Saint-Sulpice de París el 31 de agosto de 1841. Heine no necesitaba una iglesia en la que refugiarse, sino un Dios personal capaz de sentir compasión por él y de hacerle de interlocutor en las horas dolorosas. Heine no regresa a ninguna iglesia, aunque es evidente la nostalgia por el judaísmo de su infancia, cuyos méritos pone constantemente de relieve en estos años de tribulación, subrayando igualmente sus afinidades con el carácter alemán. La figura de Moisés se agiganta a sus ojos como creador de un pueblo al que el mundo le debe un Dios y también su palabra: la Biblia. «Antes Moisés no me había gustado especialmente, tal vez porque el espíritu helénico prevalecía en mí, y yo no perdonaba al legislador de los judíos su odio a todas las imágenes, a la plástica. No vi que Moisés, a pesar de su hostilidad al arte, era, no obstante, un gran artista y poseía el verdadero espíritu del artista. Solo que en él este espíritu estaba orientado únicamente a lo colosal e indestructible, igual que en sus paisanos egipcios. Pero no hizo sus obras de arte de ladrillo y granito como los egipcios, sino que construyó pirámides humanas, cinceló obeliscos humanos, cogió una tribu de pobres pastores e hizo de ella un pueblo que a su vez habría de seguir siendo altivo a través de los siglos, un pueblo grande, eterno, sagrado, un pueblo de Dios, que podía servir a otros pueblos de modelo, incluso a toda la humanidad de prototipo: ¡creó Israel! ¡Ese artista, el hijo de Amram y de la nodriza Jochebet, puede vanagloriarse con mayor derecho que el poeta romano de haber levantado un monumento que sobrevivirá a todas las construcciones de bronce!».[70] Una misma idea repite Heine en su poema «Vitzliputzli», en el que dice: «Uno solo, un único héroe, nos ha dado algo mejor que Colón y este es aquel que nos ha dado un Dios. Su padre se llamaba Amram, su madre Jochebet y él se llamaba Moisés y es el más grande de mis héroes».[71]

El renacimiento del sentimiento religioso en Heine viene acompañado de un debilitamiento en

70. *Confesiones*. Traducción de Isabel Hernández. Barcelona, Alba Editorial, 2006, págs. 69-70.
71. *Romanzero*. Edición de Ernst Elster. Leipzig und Wien, Bibliographisches Institut, 1890, tomo I, págs. 374-375.

su ánimo de la vieja contraposición entre helenos y nazarenos, y de la revalorización de la moralidad del antiguo judaísmo, cuya base hay que buscar —nos dice— en el carácter del pueblo judío —en su fe espiritual, sus costumbres estrictas, castas, incluso ascéticas; en resumen, en su abstracto intimismo—, «que siempre tuvo una gran afinidad electiva con el carácter de la raza germana», los dos pueblos a los que califica de «los pueblos de la moralidad». «No se necesitan palmeras ni camellos para ser bueno, y ser bueno es mejor que la belleza».

Se ha dicho que el *Romanzero* es el libro de oro de los vencidos y en buena medida es así.[72] Heine acepta su derrota, reniega de su condición de autoidólatra y se inclina abatido ante la omnipotencia divina, una derrota en la que su nueva humildad encuentra, sin embargo, un motivo de gloria y de íntimo orgullo. No solo es héroe el que triunfa en la batalla, sino también aquel que lucha y cae derrotado con dignidad, una idea que ilustra con la figura de Boabdil en su poema «El rey moro», uno de los muchos poemas de Heine con asunto

---

72. Jules Legras, citado por Louis Sauzin en su introducción a la edición francesa del *Romanzero*. Paris, Éditions Montaigne, pág. 26.

español, aunque, como en este caso, sitúe la Alhambra en el valle del Duero. «No solo el triunfador, no solo aquel al que corona con la victoria esa diosa ciega, también el sangrante hijo de la desgracia, el heroico luchador abatido por un destino cruel, vivirá eternamente en la memoria de los hombres».[73] Es más, Heine considera que la lucha contra el sufrimiento es un factor de espiritualización, que «luchar contra el sufrimiento puede convertir en hombres a los animales».[74]

Heine se manifiesta impotente ante el dolor y la muerte, y esa íntima sensación de impotencia le lleva a adentrarse en el más profundo de los misterios con la única compañía de su radical soledad. Heine busca también protección. Hasta entonces, llevado, como él mismo dice, por su natural heleno y por un amor a la vida capaz de sobreponerse a los más duros reveses, se había refugiado en su visión helénica del mundo y se había mantenido al margen de ese espiritualismo nazareno que priva

---

73. *Romanzero*. Edición de Ernst Elster. Leipzig und Wien, Bibliographisches Institut, 1890, tomo I, pág. 361.
74. *Cuadros de viaje. El viaje de Múnich a Génova*. Traducción de Isabel García Adánez. Madrid, Gredos, 2003, pág. 347.

a la vida de todo aquello que esta puede tener de gozoso. Alemania y el pueblo judío, posiblemente sus dos grandes amores, habían sido también los objetos preferidos de su contundente agresividad, y lo habían sido en parte por el carácter nazareno que él percibía en su común espiritualidad, por sus costumbres ascéticas o, como él mismo dice, por ese abstracto intimismo del que mana su moralidad. Pero Alemania y el pueblo judío, a pesar de esa visión del mundo tan ajena a su espíritu, eran las patrias de su infancia y a ellas vuelve cuando se hace evidente su amarga condición de «sangrante hijo de la desgracia». Diluida en la omnipresencia del dolor la dualidad helenismo-nazarenismo, Heine se encuentra con la vieja fe de su pueblo y con un Dios capaz de sentir compasión y de escuchar sus lamentaciones, un Dios al que necesitaba como interlocutor de la misma manera que Job necesitó un Dios al que plantearle las honduras de un misterio que le desbordaba. «Sí, estoy contento de haberme librado de la gloria atribuida —nos dice Heine en sus *Confesiones*— ¡y ningún filósofo me volverá a convencer jamás de que soy un dios! Tan solo soy un pobre hombre que, además, ya no está demasiado sano e incluso bastante enfermo. En este estado es una auténtica caridad para mí que haya alguien en el cielo al que pueda soltarle continuamente la letanía de mis penas, sobre todo después de medianoche, cuando Mathilde está descansando, cosa que le es tan necesaria. ¡Alabado sea Dios! En tales horas no estoy solo, y puedo rezar y sollozar cuanto quiera, y sin avergonzarme, y puedo vaciar mi corazón ante el Altísimo, y confiarle algunas cosas que incluso solemos ocultar a nuestra propia esposa».

Heine puede sollozar cuanto quiera en presencia del Altísimo. Se le ha reprochado haber cedido en sus convicciones ante el temor a la muerte, un reproche de una hiriente vulgaridad intelectual, como vulgar es el reproche que le formula Manuel Sacristán, quien atribuye lo que él considera ruina intelectual y moral de Heine a una cobardía que le hizo incapaz de insertarse en las filas aún difusas de los portadores de la historia. La presencia del dolor y de la muerte es constante en los ocho años transcurridos entre el desvanecimiento de Heine ante la Venus de Milo y su fallecimiento en febrero de 1856 y, consecuentemente, en todas las obras producidas a lo largo de estos años de agonía. Sin embargo, el tema del dolor, protagonista indiscutible de este larguísimo periodo, no es nuevo en su obra, sino que está presente en la

misma desde sus primeras producciones, constituyendo quizás la columna vertebral de su personalidad literaria. El tema del dolor es completamente
ajeno al mundo de la Ilustración y casi me atrevería a decir que completamente ajeno a la historia
de la literatura hasta que el Romanticismo lo sacó
a escena e hizo de él uno de los protagonistas de su
visión del mundo. Heine, Lord Byron, Leopardi,
Schopenhauer a su manera filosófica —tan literaria, por otra parte— fueron los introductores en la
historia de las ideas de un asunto que va a caracte-
rizar como ningún otro toda la cultura moderna.

El *Libro de las canciones,* su primer gran éxito, es un libro dolorido donde el protagonista no
es el amor, sino su imposibilidad o, en su caso, el
amor no correspondido, la decepción amorosa o
la amargura que produce el rechazo de la persona
amada. Pero con independencia de este éxito primero, abierto a multitud de interpretaciones, lo
cierto es que la obra temprana de Heine, inclui-
dos los *Cuadros de viaje,* está llena de referencias
a un dolor personal íntimamente vinculado, por
otra parte, a su condición de poeta. En un texto
muy similar a otro anteriormente transcrito de sus
Memorias, Heine dice: «usted, *Madame,* no es otra
que la hermosa mujer que ya en Godesberg lloró

de un modo tan conmovedor cuando le conté la triste historia de mi vida… Al principio creí que sus ojos también eran dos estrellas. Pero ¿cómo se pueden confundir dos lindos ojos con dos estrellas? Esas frías luces del cielo no pueden llorar por la desgracia de un hombre tan desgraciado que ya tampoco puede llorar más».[75] Pero quizás donde el carácter omnipresente y esencialmente constitutivo del dolor se ponga más claramente de manifiesto es en el párrafo final del *Libro de Le Grand*, donde Heine hace una declaración tan contundente como característica de su ironía y de su desasosegante sentido del humor. «Como un gusano roía el dolor mi corazón, y no paraba de roerlo. El pobre chino de los pantalones no tiene culpa de nada, yo mismo traje este dolor conmigo cuando vine al mundo. Ya estaba conmigo en la cuna y, cuando mi madre me mecía, mecía también al dolor, y cuando me cantaba para que me durmiese, el dolor se dormía conmigo, y se despertaba en cuanto abría los ojos. A medida que crecí, creció también el dolor y al final se hizo enorme y acabó haciendo estallar mi… Hablemos de otras cosas —concluye

---

75. *Cuadros de viaje. El libro de Le Grand*. Traducción de Isabel García Adánez. Madrid, Gredos, 2003, pág. 270.

Heine—, de doncellas con coronas de flores, de bailes de disfraces, de placer y alegría nupcial: lalaralala, lalaralala, lalara - la - la - la». (El dolor permanece, pero este lalaralala desaparece en las últimas obras de Heine.)[76]

El joven Heine resuelve el problema del dolor con un lalaralala, pero el Heine yacente necesita un recurso más sólido, el Heine herido de muerte necesita un Dios personal y compasivo al que poder dirigirse. ¿Era Heine bueno? Esta es una pregunta quizás carente de sentido, pero que se han hecho muchos y que generó en su momento una cierta polémica. Thomas Mann —ya lo hemos visto páginas atrás— se rebeló indignado ante lo que él consideraba un absurdo intento de santificar a Heine, y afirmó con rotundidad que Heine no era un buen hombre, pero sí un gran hombre. (Es posible que Thomas Mann, como siempre, estuviese hablando de sí mismo). Sin embargo, Max Brod dice que la bondad era un rasgo principal del carácter de Heine y, citando a Heinrich Laube, añade: «a mí me ayudó en todo como si yo fuese un hermano suyo. No era sino amabilidad y bondad. Hay quien no cree en su

---

76. *Cuadros de viaje. Libro de Le Grand.* Traducción de Isabel García Adánez. Madrid, Gredos, 2003, págs. 272-273.

bondad; se equivoca. Su alma es suave y compasiva. A menudo se excusa ante sí mismo reprochándoselo y llamándose vieja estúpida. Con la boca regañaba, con la mano daba». Del mismo modo pensaba Gérard de Nerval, nos sigue diciendo Brod: «Ayudar a los amigos en el momento oportuno fue uno de sus principios y lo practicaba con tanta amabilidad que no pensaba jamás en la devolución de las cantidades que había prestado». Su altruismo, sin embargo, no se limitaba al terreno material. Durante la espantosa epidemia de cólera, cuyos horrores describe en *Lo que pasa en Francia,* permanece en París para asistir a su primo Carlos, al que, efectivamente consigue salvar. Después escribe a Rahel Varnhagen: «No fue valentía lo que se opuso a mi huida de París. Para decir la verdad, sentí pereza», una justificación que suscita el siguiente comentario de Max Brod: «La conducta de siempre: la de denigrarse a sí mismo. En esta autoparodia vibra una honda fe metafísica en la verdad».[77] Es posible que Heine fuese bueno y malo al mismo tiempo, pues en él toda contradicción tiene asiento. Así por lo menos lo pensaba Théophile Gautier, quien, refiriéndose

---

77. Max Brod, *Heine.* Traducción de Máximo José Kahn. Buenos Aires, Ediciones Imán, 1945, pág. 307.

a Heine, decía: «Tenía el tipo de un dios, era malo como un diablo y a todo esto muy bondadoso, se diga lo que se quiera». Heine, que tenía una lengua viperina y que no dudó en recurrir al insulto personal cuando lo consideró necesario para defenderse de sus adversarios, nos dice en *La ciudad de Lucca:* «Ay. No se debería escribir contra nadie en el mundo. Ya está cada cual lo bastante enfermo en este inmenso lazareto, y cierta lectura polémica me recuerda inevitablemente a una repulsiva pelea que presencié por casualidad en un lazareto de Cracovia, donde para mi espanto pude oír cómo los enfermos se lanzaban sarcásticas pullas sobre sus respectivas dolencias; cómo los tuberculosos, secos como hojas, se burlaban del enfermo de hidropesía, hinchado como un globo; cómo el uno se reía del cáncer de nariz de su vecino y este, a su vez, de la boca desencajada y los ojos vueltos de un tercero, hasta que, al final, los sacaban de un brinco de sus camas y les arrancaban las mantas y las sábanas de los cuerpos en carne viva a los otros enfermos, y no se veía más que miseria repugnante y deformidad por todas partes».[78]

---

78. *Cuadros de viaje. La ciudad de Lucca.* Traducción de Isabel García Adánez. Madrid, Gredos, 2003, págs. 477-478.

En este último párrafo se concentran, a mi juicio, los dos pilares fundamentales de la sensibilidad moral de Heine: el común dolor que, con diversas formas, todos sufrimos en este inmenso lazareto, y la compasión que tal dolor suscita en todo corazón amable, una compasión que prohíbe hacernos daño los unos a los otros, aumentar el dolor al que naturalmente estamos destinados. La compasión tiende a identificarse en Heine con el amor y también con la belleza, constituyendo una unidad, un solo ejército con el que defendernos del único enemigo real que constantemente nos acecha, con un sufrimiento con el que parece que tengamos que pagar cada instante de felicidad. «La compasión es la culminación del amor, tal vez incluso sea eso el verdadero amor», una categoría moral identificable con la belleza. «Busco el bien porque es bello y me atrae sin que pueda resistirme, y rechazo el mal porque es feo y me repugna»,[79] dice Heine haciendo una clara identificación entre belleza y bien y una confesión que describe con sencillez su personalísima concepción moral. Esta queda nítidamente de manifiesto en

---

79. *Cuadros de viaje. La ciudad de Lucca.* Traducción de Isabel García Adánez. Madrid, Gredos, 2003, pág. 490.

unas páginas de sus *Memorias* de extraordinaria belleza, en las que Heine cuenta la manera de ser de su padre y, muy especialmente, la delicadeza y la amabilidad con la que este ayudaba a cuantos necesitaban de su generosidad, una delicadeza moral que, dada la emoción con la que Heine la describe, quedó, sin duda, fuertemente grabada en la sensibilidad moral del pequeño Harry.

El sufrimiento y la compasión han estado siempre presentes en la obra de Heine, como ponen de manifiesto las citas y referencias contenidas en las páginas anteriores, la mayoría de ellas procedentes de *Los cuadros de viaje,* publicados entre 1826 y 1831. No es cierto que el dolor y la compasión sean frutos tardíos de una enfermedad especialmente destructiva. La especial sensibilidad ante el sufrimiento y la piedad que él mismo es capaz de suscitar en todo corazón amable, como el de Samson Heine, quizás sean, a pesar de tantos exabruptos, de tanto resentimiento, de tantas injurias y de tantos combates, los rasgos fundamentales de la manera de ser de Heine, por lo que resulta natural que, enfrentado al propio desmoronamiento y a la proximidad de la muerte, acudiera a un Dios congruente con su propia constitución ética, un Dios capaz de comprender las torturas de su alma. A Heine ya no le bastaban ni el chiste, ni la ironía —esas artes en las que era maestro—, ni el lalaralala de su juventud; a Heine no le bastaban ni el politeísmo de los helenos, ni el deísmo de sus más ilustres contemporáneos; Heine necesitaba un Dios personal, entre otras cosas, porque su sufrimiento necesitaba compasión y, como nos recuerda Baroja en un contexto muy diferente, solo las personas son capaces de sentir esa piedad que constituye, a mi juicio, la gran aportación del hombre al misterio de la creación. Heine necesitaba un Dios que tuviese como oficio el perdón, un Dios que lo acogiera, pero también, como ya hemos visto con anterioridad, un Dios que le sirviera de interlocutor, un Dios al que pedir cuentas por un sufrimiento para el que no encuentra justificación alguna.

Ante la realidad del dolor es natural elevar los ojos al cielo y pedir una explicación, pero ni siquiera un Dios —quizás un Dios menos que nadie— es capaz de explicar lo inexplicable. El sufrimiento es una pregunta que no encuentra respuesta. Heine, como colofón de una vida en el fondo trágica, padece una larga y dolorosísima agonía en la que una y otra vez mira a los ojos del cielo y no ve en ellos sino una sonrisa irónica, una ironía que desborda con creces la aguda pero humana ironía de un Heine simplemente humano. «Juramentos de amor, promesas volubles y falsas vuelan en la chimenea mientras, invisible, el pequeño Dios se ríe».[80] Heine arroja a la chimenea todos los recuerdos amorosos y mientras su vida se deshace en cenizas el pequeño Dios se ríe. El Dios de Heine es capaz de reír, el Dios que él pretendía compasivo, es capaz de reírse de nuestro sufrimiento y, al final, este acaba siendo, a sus ojos asombrados, una simple broma del Aristófanes del cielo. Heine, como el Job de su Biblia, interroga a su Dios y la respuesta que recibe no es la que recibió Job, ni siquiera la que él mismo recibió a los pies de su Venus de Milo —¿no ves que no tengo brazos y no puedo ayudarte?—, sino una sonrisa irónica y, a veces, una sonora carcajada.

La idea no es nueva en su obra, ni, por supuesto, producto de este último periodo de su vida, sino que se encuentra ya en los primeros pasos de

---

80. *Liebesschwüre, flatterhafte / falsche Eide, in den Schlot / fliegen sie hinauf — es kichert / unsichtbar der kleine Gott.* Heine, *Romanzero. Auto da fe.* Edición de Ernst Elster. Leipzig und Wien, Bibliographisches Institut, 1890, tomo I, pág. 415.

su producción. En el poema «En el puerto», correspondiente al ciclo del *Mar del Norte,* podemos leer los siguientes versos: «¡Ay, buen posadero del Ratskeller de Bremen! / mira, sobre los tejados de las casas se sientan / los ángeles, están borrachos y cantan; / el sol resplandeciente de allá arriba, en el cielo, / no es más que la nariz coloradota y borracha / que asoma el dios del mundo / y en torno a la nariz coloradota del dios / gira todo nuestro borracho mundo».[81] Expresiones similares a esta, en las que se mezclan la idea de un mundo traspasado por el dolor y el concepto un Dios indiferente o, incluso, causante de ese dolor, se encuentran con frecuencia en sus últimas obras, como, por ejemplo, en los *Poemas de 1853-1854* (una obra a mi juicio capital en su producción), en los que podemos leer: «¿Dónde reside la culpa? ¿Acaso Nuestro Señor no es todopoderoso? ¿O es él quien está causando el estropicio? Ah, eso sería una infamia».[82] Así también en uno de los párrafos de sus *Memorias*

---

81. Heine, *Cuadros de viaje. El mar del Norte.* Traducción de Isabel García Adánez. Madrid, Gredos, 2003, pág. 156.

82. Heine, *Sämtliche Gedichte.* Stuttgart, Reclam, Universal Bibliothek, 2014, pág. 711.

en el que el abuelo de la roja Sefita —nieta socialmente excluida del verdugo de Düsseldorf y primer amor de Heine— dice entre lágrimas: «¡Oh Dios!, ¡Oh Dios! La desgracia dura ya tanto tiempo, un alma humana no puede soportarlo por más tiempo, oh, Dios, eres injusto, sí, injusto».[83]

Quizás, sin embargo, donde el diálogo de Heine con Dios alcance una mayor emoción sea en las últimas páginas de sus *Confesiones,* en las que Heine, que se hace llamar a sí mismo «el caballero de la estrella caída», se encara directamente con un Dios cuyas bromas le resultan ya insoportables. «¡Ay, la burla de Dios me pesa demasiado! El gran autor del universo, el Aristófanes del cielo, quería demostrar con gran claridad al pequeño Aristófanes terrenal, al denominado Aristófanes alemán, cómo sus sarcasmos más ingeniosos eran tan solo inocentes burlas en comparación con los suyos, y de qué forma tan lamentable he de quedar por detrás de él en el humor, en la colosal diversión», nos dice Heine mientras que, «resonando como los ecos de un sueño oye los chirridos de la carraca de Lázaro», aquella que en la Edad Media portaban

83.   Heine, *Memorias.* Traducción de Isabel Hernández. Barcelona, Alba Editorial, 2006, pág. 176.

los leprosos para que todos pudiesen apartarse de
su camino.

Heine, primer filósofo existencial

Heine, nos dice Max Brod, es el primer filósofo existencial, y la ironía, su forma de filosofar. Es
posible que en la ironía del párrafo anteriormente transcrito, en la sarcástica competición entre el
Aristófanes celestial y el Aristófanes terrenal, esté
contenida toda la sensibilidad moderna, la angustia de una vida, que si alguna vez fue considerada
un beso vivo de Dios,[84] es ahora percibida como
una burla del Creador. Fritz J. Raddatz, ya lo hemos visto con anterioridad, considera a Heine un
precursor de Nietzsche, y es posible que en algunos aspectos lo sea, pero lo que parece evidente es
que Heine se encuentra en el origen de esa filosofía
existencial de genealogía romántica que caracteri-
zó la ruptura de las vanguardias y toda la filosofía
del siglo xx, la quiebra de una armonía imposible
de recomponer. En las últimas palabras de Heine

---

84. Ver el elogio de Heine al pintor Jan Steen, pág. 137.

se escucha mucho más la voz de Kierkegaard —su estricto contemporáneo y abanderado junto a Heine y Schopenhauer de la rebelión contra Hegel— que la de Voltaire, en cuya peluca había anidado, según nos dice don Marcelino Menéndez y Pelayo, el canto de nuestro ruiseñor alemán. El pensamiento ilustrado, que nunca desaparecerá del todo en la visión del mundo de Heine —especialmente su apasionado amor por la libertad— resulta impotente ante la crudeza de su angustia última; el optimismo ilustrado no es capaz ni siquiera de comprender lo que en el fondo es la tragedia de una existencia quebrada por el dolor. Pero el Heine del *Romanzero* tampoco es ya un romántico en el sentido estricto de la palabra, sino otra cosa que va más allá del Romanticismo y de la Ilustración. Heine se reconoce romántico, pero insiste con frecuencia en que su canto «puede que sea el último canto romántico libre»[85] de Alemania y él el último poeta del Romanticismo. «Los años más bellos de mi vida los he pasado en el Kyffhäuser, en el Venusberg y en otras catacumbas del

---

85. Heine, *Atta Troll*. Traducción de Jesús Munárriz. Madrid, Hiperión, 2011, pág. 229.

Romanticismo»,[86] nos dice Heine en su poema «Präludium» —el mismo en el que se confiesa «hijo más fiel de la vida»—, pero esos años han pasado y con ellos el sueño de una belleza romántica. Heine es el último poeta del Romanticismo, pero quizás también el origen de una nueva sensibilidad romántica en la que el sueño se ha transformado en pesadilla, una nueva sensibilidad que, bajo distintas formas y modalidades, permanecerá con nosotros para siempre. Heine vive con especial intensidad la contradicción Romanticismo-Ilustración y no encuentra una posible conciliación —quizás porque esta sea imposible— ni una armonía capaz de reconciliarnos con el mundo y, en el fondo, con nosotros mismos.

El corazón de Heine está roto y con él un mundo carente de armonía. «Querido lector —nos dice Heine en el capítulo cuarto de *Los balnearios de Lucca*—, ¿acaso eres tú también uno de

86. Heine, *Romanzero. Präludium.* Edición de Ernst Elster. Leipzig und Wien, Bibliographisches Institut, 1890, tomo I, pág. 373. Kyffhäuser es una región de Turingia donde se encuentra un famosísimo castillo medieval, actualmente en ruinas. En 1890 se levantó allí un monumento al emperador Guillermo I, llamado monumento Kyffhäuser o monumento Barbarroja.

esos inocentes pajarillos que suman sus trinos a esa canción del desgarro byroniano que, desde hace ya diez años, me vienen cantando y silbando de todas las formas posibles y que incluso resuena como un eco en el cráneo del Marqués, como acabas de oír? Ay, querido lector, si quieres quejarte de ese desgarro, entonces mejor quéjate de que es el propio mundo lo que está desgarrado en dos. Y como el corazón del poeta es el centro del mundo, es inevitable que en este tiempo que vivimos haya sido desgarrado de un modo terrible. Quien presuma de que su corazón ha quedado entero, lo único que hace es reconocer que tiene un corazón prosaico y alejado del mundo en un remoto confín. El mío, sin embargo, lo atravesó la enorme grieta del mundo, y por eso mismo sé que los grandes dioses, antes que a muchos otros, me han concedido una altísima gracia y me han considerado digno del martirio de los poetas».[87]

El corazón de Heine está desgarrado por un dolor que va más allá del sufrimiento de sus últimos años y que se confunde con el desgarro del mundo y, utilizando sus propias palabras, con el

<hr />

87. *Los balnearios de Lucca*. Traducción de Isabel García Adánez. Madrid, Gredos, 2003, pág. 386.

martirio de los poetas. El dolor tiene en el alma de Heine raíces muy profundas. Son muchos los que consideran que el corazón de Heine quedó definitivamente roto cuando su prima Amalia rechazó sus pretensiones amorosas, incluso quienes opinan que Amalia Heine cumple en la biografía intelectual y moral de su primo la misma función que cumplió Regina Olsen en la biografía de Soren Kierkegaard. Hay en los versos de sus *Canciones* tantas lágrimas, hay en las sucesivas entregas de sus *Cuadros de viaje* tantos sarcasmos amorosos que, efectivamente, bien podemos pensar que la raíz de su alma quedó irreparablemente dañada por esta primera decepción amorosa. Pero —ya lo he dicho con anterioridad— no podemos olvidar que en esta decepción sentimental hay también un rechazo social que vendría a reforzar la sensación de exclusión con la que convivió toda su vida. Desde las burlas de sus compañeros de colegio sufridas a causa de su auténtico nombre, Harry, hasta la constante prohibición de sus obras en Alemania; desde su primer amor a la nieta del verdugo de Düsseldorf hasta su última y definitiva soledad en su lecho de muerte, Heine vivió con la permanente sensación de ser un excluido, una sensación enraizada en su judaísmo, compatible en ocasiones con una brillante vida social llevada de la mano de sus protectoras Rahel Varnhagen, George Sand o la princesa de Belgiojoso, y de una no menos brillante vida literaria en compañía de todos los grandes de la literatura francesa del momento. Pero a Heine le dolía sobre todo su exclusión de la poesía alemana, su condición de poeta proscrito en un país que le debía su mejor poesía, a él que se sabía el mejor y el más alemán de los poetas.

Heine, en las ya mencionadas páginas finales de sus *Confesiones,* se compara con el gran poeta de la *Crónica de Limburg.* «Esta crónica —nos dice Heine— es muy interesante para quienes deseen informarse sobre los usos y costumbres de la Edad Media... De esta forma cuenta de 1480 que en ese año se silbaron y cantaron en Alemania canciones que eran más dulces y agradables que todas las melodías que se habían conocido hasta entonces en las tierras alemanas, y que, jóvenes y viejos, especialmente las chicas, estaban locos por ellas, de manera que se oían de la mañana a la noche; pero estas canciones, añade la crónica, las había compuesto un joven clérigo que, infectado de lepra, vivía en un lugar solitario, oculto de todo el mundo... ¡El pobre clérigo, de cuya fama como poeta hablaba la mencionada *Crónica de Limburg,* era pues uno de esos enfermos de lepra, y permanecía tristemente sentado en la soledad de su miseria, mientras toda Alemania cantaba y silbaba sus canciones con gran alegría y júbilo! ¡Oh, esta fama era el escarnio, la terrible broma de Dios que tan bien conocemos, que aquí es también la misma, aunque en esta ocasión aparezca bajo el traje romántico de la Edad Media! ... De vez en cuando —concluye Heine— en las caras más tristes de mis noches creo ver ante mí al pobre clérigo de la *Crónica de Limburg,* mi hermano en Apolo, y sus ojos llenos de dolor me miran con una extraña fijeza desde su capucha; pero en el mismo instante desaparece y, resonando, como el eco de un sueño, oigo los chirridos de la carraca de Lázaro».

Así, según su propia representación, Heine, a pesar de sus éxitos literarios, a pesar de su amistad con los grandes de la literatura francesa, a pesar de la calidad de sus protectoras —probablemente tres de las mujeres más interesantes de todo el siglo XIX—, a pesar, sobre todo, de lo muy hondo que habían calado sus canciones en el alma alemana, tuvo que caminar toda su vida con la carraca de Lázaro en la mano para que todo el mundo se apartase de su lado. Hannah Arendt nos dice en su ensayo *La tradición oculta:* «Cualquiera que

experimentara la ambigua libertad de la emancipación y la aún más ambigua igualdad de la asimilación tenía clara conciencia de que el destino del
pueblo judío en Europa no solo era el de un pueblo oprimido, sino también el de un pueblo paria (Max Weber). La existencia política como pueblo —continúa Hannah Arendt— se reflejaba en
la condición socialmente paria, fuera de la sociedad, de sus individuos. Por eso los poetas, los escritores y artistas judíos crearon la figura del paria,
una nueva idea del ser humano muy importante
para la humanidad moderna». Heine es, a juicio de
Hannah Arendt, uno de los creadores de ese nuevo concepto del poeta como paria y, sobre todo,
del hombre como paria, un concepto que se encuentra, sin duda, en el origen de la modernidad.
Heine se aferra a su condición de paria, basada en
su empeño de vivir simultáneamente su condición
de alemán y de judío, sin que la emancipación o la
igualdad de la asimilación le obligasen a renunciar
a su condición de judío. «*Ein Jude als Autor deutscher Gedichte. Das hatte es noch nie gegeben*», nos
dice Reich-Ranicki —«un judío autor de poemas
alemanes. Esto no había existido nunca»— y, sin
embargo, ese es el gran empeño de Heine, ser un
poeta alemán y judío, pues él no aspiraba a una

emancipación jurídica, sino a una emancipación como simple ser humano, una emancipación que no le obligase a renunciar a nada, y mucho menos al judaísmo de sus padres.

La exclusión de Heine, su condición de paria —ya nos lo dice Hannah Arendt—, trasciende su judaísmo, y su inmenso dolor inunda la existencia entera. Heine sufrió durante toda su vida —son sus propias palabras— un intenso dolor de muelas en el corazón, un dolor del que podemos encontrar múltiples manifestaciones y rastrear numerosísimas huellas, pero que, en el fondo, es consustancial a la propia vida. «Yo mismo traje ese dolor conmigo cuando vine al mundo. Ya estaba conmigo en la cuna y, cuando mi madre me mecía, mecía también al dolor, y cuando cantaba para que me durmiese, el dolor se dormía conmigo, y se despertaba cuando abría los ojos. A medida que crecí, creció también el dolor y al final se hizo enorme y acabó haciendo estallar mi… », le hemos oído decir ya a Heine en un largo párrafo cuyo final elude su pudor y deja a nuestra discreción. Heine ama profundamente la vida, siente dentro de sí una inmensa alegría de vivir y, sin embargo, sabe que la vida es la fuente de todos los dolores e inseparable de ellos, una contradicción que le hace levantar los ojos al cielo, donde solo encuentra la risa de Dios. Es el propio mundo el que está desgarrado, nos dice Heine, y con él, el corazón del poeta; el corazón de Heine sufre un inmenso dolor de muelas, y lo sufre porque su vida entera ha sido traspasada por la enorme grieta del mundo.

La herida Heine es la herida del mundo. El ruiseñor alemán no anidó nunca en la peluca de Voltaire, ni Heine pudo reconciliar esos dos elementos que tanto amaba, la ratio francesa y el irracionalismo alemán. Su mundo está roto, un mundo sin armonía desgarrado por un dolor que en los momentos de mayor intensidad parece reírse de nosotros a carcajadas. Heine no solo no es capaz de restañar esta herida —quizás irrestañable—, sino que hace de ella el signo de identificación del poeta y de una modernidad que probablemente nunca pueda recuperar la unidad perdida: Heine es —quizás con la sola excepción de Baudelaire— el primer poeta moderno, el corazón roto de un mundo roto.

La herida Heine no ha cesado de crecer en un mundo en el que ya no se oye la risa de Dios, sino solo su silencio. El hombre moderno, perdido en un mundo hecho añicos, puede preguntarse lo que se preguntaba Heine en uno de sus mejores y más conocidos poemas: *Jetzt wohin?* Sí, ¿ahora adónde? Tras descartar con su característico humor varios posibles destinos —Alemania, Inglaterra, América, Rusia—, Heine, el Caballero de la Estrella Caída, levanta los ojos al cielo y nos dice: «Triste miro a las alturas / donde miles de estrellas me saludan / pero a mi propia estrella / no veo brillar allí. Quizás se haya extraviado / en ese dorado dédalo / igual que yo me he extraviado / en los tumultos terrestres».[88]

La estrella del hombre se ha perdido en los cielos y este ya no tiene a donde ir; la herida Heine sigue abierta y quizás no se pueda cerrar jamás. Es posible que por esa herida acabe desangrándose la humanidad, pero también es posible que el amor a la libertad, la bondad —esa creación mucho más humana que divina— y la compasión ante un dolor injustificable nos permitan ordenar el mundo y reconciliar lo que Heine no pudo reconciliar; es posible incluso que, sin apartar los ojos del

---

88. *Traurig schau' ich in die Höh'/ Wo viel tausend Sterne nicken / Aber meinen eignen Stern / Kann ich nirgends dort erblicken. / Hat im gülden Labyrinth / Sich vielleicht verirrt am Himmel / Wie ich selber mich verirrt / in dem irdischen Getümmel.*

sufrimiento de todos, el amor a la vida —la alegría de vivir, el gozo de la belleza, el placer de los sentidos— nos permita recomponer el desgarro de nuestro corazón en espera, si acaso, de que nuestra estrella vuelva a brillar en los cielos. Quizás nada de esto sea posible, pero entonces podremos decir con Heine que la lucha ha merecido la pena y que en ella hemos afirmado nuestra dignidad contra un mal que nos sobrepasa.

Heinrich Heine y su tiempo
(una cronología)

1797 Heinrich Heine nace en Düsseldorf en el seno de una familia judía. Sus padres son Samson Heine, de Hannover, y Betty van Geldern, de Düsseldorf. En 1800, 1805 y 1807 nacen sucesivamente sus tres hermanos Charlotte, Gustav y Maximilian.

1804 El 12 de febrero muere Kant en Königsberg.

1806 Se publica *Des Knaben Wunderhorn,* recopilación de la lírica popular alemana efectuada por Achim von Arnim y Clemens Brentano.

1807 Heinrich Heine ingresa como alumno en el Liceo de Düsseldorf. Se publica la *Fenomenología del espíritu* de Hegel.

1808 Se publican en Berlín los *Discursos a la nación alemana* de Fichte.

1810 Se publica *De l'Allemagne* de Madame de Staël.

1816 Comienza la estancia de Heine en Hamburgo como aprendiz de comercio en el banco de su tío Salomon Heine. Heine se enamora de su prima Amalia.

1817 Fiesta en el Wartburg. Estudiantes liberales se reúnen en el Wartburg en Eisenach (Turingia) para conmemorar la batalla de Leipzig y la Reforma luterana. En el Wartburg hizo Lutero su traducción de la Biblia al alemán.

1820 La madre y los hermanos de Heine se trasladan a Hamburgo. Heine hace el *Wintersemester* en la Universidad de Göttingen.

1821 Expulsado de la universidad a causa de un duelo. Se traslada a Berlín para realizar el *Sommersemester.* En Berlín conoce a Rahel Varnhagen von Ense, a cuyo influyente círculo de amistades se incorpora. En diciembre de este año publica en la editorial Maurer su primera recopilación de poemas con el título de *Gedichte* (Poemas).

1822 Viaje a Polonia. Comienza su actividad en la Verein für Kultur und Wissenschaft der Juden (Asociación para la cultura y la ciencia de los judíos).

1823 En mayo regresa Heinrich Heine a la casa paterna que, entre tanto, se había trasladado a Lüneburg. Publica *Tragödien nebst einem lyrischen Intermezzo* (Tragedias y un intermedio lírico) en la editorial Dümmler de Berlín.

1825 28 de junio: bautizo en Heiligenstadt bajo el nombre de Christian Johann Heinrich. 20 de julio: obtención del título de doctor en la Universidad de Göttingen. A continuación, viajes a Norderney, Lüneburg y Hamburgo. Muere el conde de Saint-Simon.

1826 Comienza la colaboración editorial con Hoff-mann und Campe, que ya será su editor hasta el final de sus días. Publica la primera entrega de los *Cuadros de viaje,* que contiene *El viaje al Harz, El regreso a casa* y *El mar del Norte.*

1827 Segunda entrega de los *Cuadros de viaje,* que contiene *El mar del Norte (segunda y terce-ra parte), Ideas, El libro de Le Grand* y *Cartas desde Berlín.* Publica el *Libro de las canciones,* que verá trece ediciones en vida de Heine. Se traslada a Múnich como redactor de los *Nue-vos Anales Políticos.*

1828 Hasta mediados de año permanece en Mú-nich. De julio a noviembre, viaje por Italia. Le es denegada la plaza de profesor en la Uni-versidad de Múnich, que había solicitado a través de Rahel von Varnhagen, y regresa a Hamburgo. A lo largo del año publica en distintas revistas cuatro artículos de los *Fragmentos ingleses*. El 2 de diciembre muere su padre, Samson Heine.

1829   Publica la tercera entrega de los *Cuadros de viaje,* que contiene *El viaje de Múnich a Génova* y *Los baños de Lucca.*

1830   Revolución de julio en Francia. Luis Felipe I es proclamado rey de Francia. Primeros contactos de Heine con los saint-simonianos.

1831   Nueva entrega de los *Cuadros de viaje,* que incluye *La ciudad de Lucca* y los *Fragmentos ingleses.* En mayo, Heine se instala en París, donde ya permanecerá hasta su muerte. Traba pronta amistad con todos los grandes de la literatura francesa, así como con Chopin, Berlioz o Liszt. El 14 de noviembre muere Hegel en Berlín.

1832   A finales de año publica en la *Allgemeine Zeitung* diversos artículos que en 1833 serán publicados bajo el título de *Französische Zustände,* obra que en España Fernando Vela traducirá como *Lo que pasa en Francia.* El 22 de marzo muere Goethe en Weimar. Ludwig Börne publica sus *Cartas parisinas.*

1833   Publicación de *Französische Zustände.* Publicación de *État actuel de la littérature en*

Allemagne, libro que posteriormente se publicará con el nombre de *Die romantische Schule* (La escuela romántica). Muere Rahel Varnhagen.

1834   Publicación de la primera parte del *Salon,* que contiene *Pintores franceses* y *Las memorias del Señor de Schnabelewopski.* Se crea en Alemania la Unión Aduanera. Conoce a Crescence Eugénie Mirat (1815-1883), a quien él siempre llamará Mathilde.

1835   Publicación en el mes de enero de la segunda parte del *Salon,* que contiene *Historia de la religión y de la filosofía en Alemania.* La Dieta Federal prohíbe los escritos de los autores de la Joven Alemania.

1836   Se publica *Die romantische Schule.* En primavera se publica en el *Stuttgarter Morgenblatt* la versión alemana de *Las noches florentinas,* que al año siguiente se incorporará al tercer volumen del *Salon,* y en la *Revue des Deux Mondes* la versión francesa. Nace Gustavo Adolfo Bécquer.

1837   En primavera se publica el tercer volumen del *Salon,* que contiene *Noches florentinas* y *Espíritus elementales.* El preámbulo dirigido contra Menzel fue objeto de censura, aunque luego apareció con el título de «Über den De-nunzianten» (Sobre el denunciante). Se publica la segunda edición de su *Libro de las canciones.* La reina Victoria sube al trono en Inglaterra.

1838 Escribe en mayo (Geschrieben zu Paris, im Wonnemond 1838) *Der Schwabenspiegel* (Crónicas de Suabia), que se publicará en Hamburgo en el *Jahrbuch für Literatur* de 1839.

1839 Publica *Las mujeres de Shakespeare (Shakespeares Mädchen und Frauen mit Erläuterungen von H. Heine).* Publica también *Schriftstellernöte* (Apuros de un escritor) en el *Zeitung für die elegante Welt.*

1840 Publica *Über Ludwig Börne* y el cuarto volumen del *Salon,* que contiene *El rabino de Bacherach, Poemas* y *Sobre el teatro francés.*

1841 El 31 de agosto contrae matrimonio católico en la iglesia de Saint Sulpice de París con Crescence Eugénie Mirat (Mathilde).

1843 Publica *Atta Troll* en el *Zeitung für die elegante Welt.* Viaja por Alemania, cosa que no había hecho desde su instalación en París en 1835. Este viaje será el fundamento de *Alemania. Un cuento de invierno.* A su regreso a París, conoce a Carlos Marx. El 7 de junio muere Hölderlin en Tubinga.

1844   Segundo viaje a Hamburgo. Publica *Neue Gedichte* (Nuevos poemas) *y Alemania. Un cuento de invierno.* En junio publica el poema «Los tejedores de Silesia» en la revista *Vorwärts.* El 23 de diciembre muere su tío Salomon Heine. Conoce a Ferdinand Lassalle.

1847   Publica *Atta Troll. Sueño de una noche de verano,* segunda y definitiva versión del *Atta Troll* que había publicado en 1843.

1848   En mayo, visita al Louvre y desmayo ante la Venus de Milo. Empeoramiento de su estado de salud. A partir de este momento permanecerá para siempre postrado en su «tumba de colchones». En febrero estalla la llamada Revolución de febrero o Revolución de 1848 que, con distintas variantes, se extiende por casi toda Europa. Como producto de la misma, se constituye en la iglesia de San Pablo de Fráncfort la Asamblea Nacional Alemana. Publicación en Londres del *Manifiesto comunista.*

1851   Publica el *Romanzero,* que se edita cuatro veces el mismo año, y *Der Doktor Fautus. Ein Tanzpoem* (El doctor Fausto. Un ballet). Schopenhauer publica *Parerga y Paralipómena.*

1852 Fin de la Segunda República Francesa. Napoleón III, emperador.

1853 Publica *Los dioses en el exilio* en francés en la *Revue des deux Mondes* y en alemán en los *Blätter für literarische Unterhaltung.*

1854 Publica *Escritos varios (Vermischte Schriften)*, que contiene las *Confesiones, Poemas de 1853 y 1854, Los dioses en el exilio, La diosa Diana, Ludwig Marcus* y *Lutezia.*

1855 Se publica la decimotercera edición de su *Libro de las canciones,* última que se producirá en vida de Heine. Conoce a Elise Krienitz *(La Mouche),* que le acompañará hasta el final de sus días. El 11 de noviembre muere en Copenhague Soren Kierkegaard.

1856 El 17 de febrero muere Heine en su domicilio de París, Avenue Matignon 3. Es enterrado el día 20 en el cementerio de Montmartre.